智能交通中

毫米波雷达数据处理[illegible]现

曹 林 赵宗民 王东峰◎著

DATA PROCESSING METHOD AND IMPLEMENTATION OF MILLIMETER WAVE RADAR IN INTELLIGENT TRANSPORTATION

電子工業出版社
Publishing House of Electronics Industry
北京 · BEIJING

内 容 简 介

多输入多输出（Multiple Input Multiple Ontput，MIMO）毫米波雷达是国内外雷达领域的研究热点，MIMO 毫米波雷达克服了传统雷达单发单收的缺点，提高了能量利用率、测角精度、杂波抑制能力，降低了截获率。与激光雷达和视频检测相比，毫米波雷达具有非常大的优势，因此 MIMO 毫米波雷达广泛应用于智能交通领域。本书从智能交通系统中的车辆检测、测速、跟踪技术出发，依据真实的 MIMO 毫米波雷达测量数据，介绍车辆跟踪系统架构，以及常用的交通雷达体制，并对这些体制进行比较，得出 FSK 是最适合应用于测速的交通雷达体制。本书重点介绍了处理毫米波雷达探测数据的方法，包括初期对接收到的雷达信号进行去噪及利用获取的点云数据对雷达摆角进行修正，中期的点云数据聚类处理，后期的车辆轨迹关联、跟踪技术。在介绍这些技术时，不仅应用了经典的雷达数据处理技术，还提出了一些改进算法，并对目前热门的图像处理技术进行了介绍。

图书在版编目（CIP）数据

智能交通中毫米波雷达数据处理方法与实现 / 曹林，赵宗民，王东峰著. —北京：电子工业出版社，2021.10
ISBN 978-7-121-42091-7

Ⅰ. ①智… Ⅱ. ①曹… ②赵… ③王… Ⅲ. ①交通运输管理—智能系统—毫米波雷达—数据处理软件—研究 Ⅳ. ①U495

中国版本图书馆 CIP 数据核字（2021）第 199654 号

责任编辑：邓茗幻　　文字编辑：冯　琦
印　　刷：北京建宏印刷有限公司
装　　订：北京建宏印刷有限公司
出版发行：电子工业出版社
　　　　　北京市海淀区万寿路 173 信箱　　邮编 100036
开　　本：720×1 000　1/16　印张：13.75　字数：220 千字
版　　次：2021 年 10 月第 1 版
印　　次：2025 年 3 月第 6 次印刷
定　　价：88.00 元

凡所购买电子工业出版社图书有缺损问题，请向购买书店调换。若书店售缺，请与本社发行部联系，联系及邮购电话：（010）88254888，88258888。
质量投诉请发邮件至 zlts@phei.com.cn，盗版侵权举报请发邮件至 dbqq@phei.com.cn。
本书咨询联系方式：（010）88254434，fengq@phei.com.cn。

前　言

近 20 年，我国智能交通领域发展迅速，以从无到有、从有到新的姿态不断进步，智能交通设备随处可见。智能交通设备的应用使人们的出行规划更便捷。从目前的交通状况来看，我国智能交通领域的发展还远远不能满足人们的正常出行需求，需要建立更健全的法律法规、形成更完善的行业规范、设计更高效的智能交通控制系统、开发更精密的边缘节点设备。

目前，主要的交通监测方式采用雷达与摄像头搭配的形式，雷达检测到目标车辆后，利用摄像头抓拍采集相关信息。近年来，以机器学习、深度学习为代表的图像处理技术吸引了大量关注，而民用雷达的发展却鲜被提及。与摄像头相比，毫米波雷达有巨大优势，其监测范围广、距离远，容易实现超视距感知，且上传数据量小，减轻了系统负荷。更重要的是，其抗干扰能力强，无惧气候、环境的影响。因此，我们认为图像处理技术与毫米波雷达数据处理技术的深层次融合是促进智能交通领域发展的重要内容。

通过阅读本书，读者可以了解毫米波雷达在智能交通领域中所扮演的角色、所发挥的作用，以及以 MIMO 毫米波雷达为主的车辆跟踪系统架构，了解毫米波雷达探测数据的处理方法，以点破面，从雷达的角度出发，深入了解整个系统，不仅要知其然，还要知其所以然。全书共 7 章，第 1 章介绍了我国毫米波雷达在智能交通领域的应用和研究情况，以及雷达数据和图像处理技术；第 2 章介绍了几个常用的交通雷达体制，并对各体制进行了比较；第 3 章在传统去噪算法的基础上介绍了新的去噪算法，并提出了利用测量数据修正雷达安装摆角的方法；第 4 章则以实测数据为基础，介绍了实际场景中车辆的检测与跟踪技术；第 5 章介绍了经典的聚类算法，并提出了基于主轴的密度峰值模糊聚类算法；第 6 章介绍了利用数据关联算法进行目标跟踪的技术及多目标跟踪系统的设计；第 7 章简单介绍了图像处理技术，以及图像与雷达数据的融合方法。

笔者结合自身经验，对智能交通中毫米波雷达数据处理的相关知识进行了梳理和总结，希望起到抛砖引玉的作用，促进相关行业的发展，也通过总结，使自己深入理解整体架构，提高自身的理论水平。本书的出版得到了国家自然科学基金项目（项目编号：U20A20163、62001033、61671069），北京市教委科技计划项目（项目编号：KZ202111232049、KM202011232021、KM202111232014）和北京信息科技大学“勤信人才”培育计划项目（项目编号：QXTCP A201902、C202108）等科研项目的资助，在此一并表示感谢。

由于笔者水平有限，书中难免存在不足之处，请各位读者谅解和指正。

曹　林

2021 年 10 月

目　录

第1章 绪论

1.1　研究背景及意义

20 世纪 90 年代，我国智能交通行业起步，从跟踪国际先进技术，逐步转变为研发具有自主知识产权的核心技术，其快速发展为社会带来了巨大影响。交通信息是城市交通规划管理的基础信息，获取全面、丰富、实时的交通信息不但可以把握城市道路的发展现状，还可以预测发展情况，为交通管理部门的正确决策提供科学依据。目前，交通信息采集主要通过雷达、摄像机、声呐等完成，对信息进行处理可以得到被测目标的距离、速度、角度等信息。

交通领域有很多基于视频图像信息的解决方案，光照等因素会对视频图像信息造成较大干扰，因此这些解决方案无法适应全天候智能交通场景。在高速公路交通场景中，夜晚的事故发生率较高，交通监管存在视线不清、难以定责等问题，人工监管和视频监管的效果较弱。毫米波雷达可以很好地适应复杂场景，并具有全天候、环境自适应能力强等优势，越来越多的研究人员开始利用雷达采集交通信息。

毫米波雷达是一种探测雷达，波长大于微波且小于厘米波，工作频率为 30GHz～300GHz。毫米波雷达的主要特点有可靠性强、检测精度高、稳定性强、全天候、抗干扰能力强、安装和维护方便、寿命长、初装成本低等。毫米波雷达因分辨率高、抗干扰能力强（环境、光照等）、体积小、能全天候工作而在军事领域得到广泛应用。近年来，民用毫米波雷达不断发展，如交通监视雷达、车载雷达、定点测距雷达等。

早期的毫米波雷达目标跟踪系统研究大多针对单对单系统，在单对单系统中，雷达只能对一个目标进行轨迹跟踪。随着相关技术的发展及场景的复杂化，许多学者开始研究多目标跟踪系统。1955 年，Wax 提出了多目标跟踪的基本概念。在多目标跟踪中，聚类算法、数据关联算法和滤波算法极为重要。1984 年，Aldenderfer 等提出了聚类分析的四大功能：一是数据分类的进一步扩展；二是对实体归类的概念性探索；三是通过数据探索生成假说；四是一种基于实际数据集归类假说的测试方式。Sittler 提出了目标点迹和航迹最优数据关联等概念。滤波算法起初没有应用于跟踪领域，1970 年后才使用滤波算法进行目标跟踪，最经典的滤波算法是 Kalman 于 1960 年提出的线性滤波。

在科学技术高速发展的今天，安全是我们不能忽视的重要问题。可以利用毫米波雷达对过往车辆进行多目标跟踪和车辆轨迹预测，对危险的驾驶行为进行预警，从而有效减少交通事故的发生，保障交通安全。

使用雷达进行多目标跟踪是一项综合应用，整个跟踪流程需要大量的理论和算法支撑。使用雷达进行多目标跟踪的流程如图 1-1 所示。

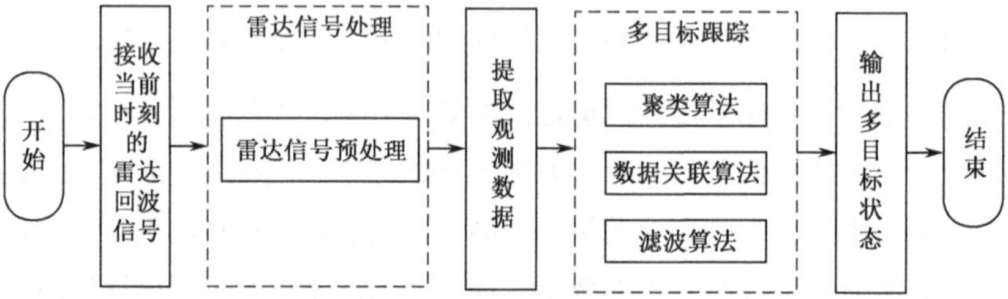

图 1-1　使用雷达进行多目标跟踪的流程

使用雷达进行多目标跟踪涉及雷达信号处理理论、雷达数据处理理论、聚类算法理论、数据关联算法理论、滤波算法理论。在高速公路交通场景中，存在一些相邻车辆，它们的回波信号具有相似性且相互遮挡，影响目标跟踪结果。本书基于交通场景中毫米波雷达采集到的相关数据，介绍毫米波雷达目标跟踪算法，详细介绍聚类算法、数据关联算法等。

1.2　国内外研究现状

1.2.1　交通监视雷达研究现状

目前，交通监视雷达主要应用于高速路况监测和城市红绿灯智能控制，可探测前方 250m 内的违章停车、超速、违规并线、应急车道行驶等事件，获取当前监视场景中各车辆的位置并跟踪所有车辆的行驶轨迹。用户可以通过雷达实时获悉路况信息，从而判别交通拥堵、异常等事件。交通监视雷达应包含下列全部或部分功能：①雷达实现多车道检测，自动划分车道，分别跟踪不同车道中的车辆，准确检测车辆的速度及位置；②可以分别检测来向车辆、去向车辆，也可以同时检测来向和去向车辆；③根据车辆轨迹，判断车辆逆行、急停、异常变道、追尾、碰撞等异常事件；横向覆盖 1～10 个车道，纵向覆盖 200～300m，实现大场景检测；④包含传统微波车辆检测器的功能；⑤能够判断车道的拥堵信息，统计拥堵车辆长度，并发送拥堵信息；⑥对距离和速度的分辨率高，车辆定位精准，测速精确；⑦自带实时时钟，可与网络时钟同步；⑧自带存储，掉电数据不丢失；⑨具有全天候工作能力，不受光线和雨、雪、雾等天气的影响。

国外有很多成熟的雷达产品。例如，德国的 Smartmicro 公司的交通信息采集雷达，该雷达的名称是 Universal Medium Range Radar（UMRR）。该公司还设计了一套应用软件，可以很好地反馈雷达采集的信息。用户打开软件运行适配的雷达，就可以从软件界面上得到返回信息，包括目标、车道、监测范围等。整个系统由雷达和配套软件组成，可以提供各被监测目标的位置、速度和车型等信息，并利用目标检测线来统计车流量信息，显示车辆的行驶轨迹。UMRR 如图 1-2 所示。美国的 Wavetronix 公司也设计了性能优越的 Smart Sensor HD

图 1-2　UMRR

雷达，该雷达的探测距离为76m，探测宽度达10个车道，具有强大的车型分类功能，车辆距离较近时也能准确对车型进行分类。官方的车流量检测准确率达95%以上，测速准确率约97%。

21世纪初，中国开始研制交通监视雷达，目前较为成熟的产品主要是测速雷达，综合性交通监视雷达仍处于研发阶段。北京川速微波科技有限公司是国内研发智能交通毫米波雷达的领军者，该公司研发的微波测速雷达性能优越，可以准确监控车辆超速行为，并触发摄像机抓拍，成功率可达99%以上。

CSR-TS 雷达是北京川速微波科技有限公司自主研发的新一代交通监视雷达，其采用国际先进的微波雷达技术，在雷达体制、信号处理、目标识别算法等方面有重要突破。CSR-TS 雷达可广泛应用于高速路况监测和红绿灯智能控制，应用场景包括高速公路、城市公路路况检测、逆行、违规变道报警，以及为路口红绿灯智能控制提供排队长度等信息。该雷达的主要功能有：可同时监测4～5个车道，监测车道数可调；具有高测速测距分辨率；可以获知车速方向；轨迹跟踪准确率超过90%，跟踪距离精度为±1m；实时监测判断逆行车辆、变道车辆、急停车辆；判断场景内堵车排队状态。CSR-TS 雷达的安装位置通常为多车道宽度方向的中心位置，为了扩大雷达监测的适用范围并降低安装要求，在实际安装时可以适当偏离该位置。除了顶装，还有侧顶装、侧装等雷达安装方式。CSR-TS 雷达如图1-3所示。CSR-TS 雷达的主要技术参数和主要性能指标分别如表1-1和表1-2所示。

图1-3　CSR-TS 雷达

表 1-1　CSR-TS 雷达的主要技术参数

技术参数	属性
天线类型	平板型微带阵列天线
天线波束宽度	发射：8°× 12° @3dB（远） 8°× 20° @3dB（中） 8°× 80° @3dB（近） 接收：8°× 80° @3dB
中心频率	76.5GHz
中心频率误差	≤±10MHz
发射功率	≤13dBm
电源	9～36V
额定功率	6W
工作温度范围	-40℃～70℃
工作湿度范围	5%～95%RH
雷达尺寸	147mm×84mm×48mm
通信接口	RS485，网口
安装方式	顶装、侧顶装、侧装

表 1-2　CSR-TS 雷达的主要性能指标

性能指标	属性
覆盖车道数	4～5 个车道
探测距离	30～200m
测速范围	5～250km/h
测速准确度	1km/h
车流量	总车流量大于等于 98%，单车道车流量大于等于 95%
车道占有率	单车道占有率大于等于 95%，总车道占有率为 98%
拥堵信息判断准确率	90%
逆行车辆识别准确率	95%
变道车辆识别准确率	90%
数据更新率	≤100ms

1.2.2　雷达数据处理研究现状

在交通场景中利用雷达进行多目标跟踪有两个重要过程：聚类和数据关联。聚类的目的是提取有效观测点并完成分类，数据关联的目的是使观测点与目标的预测点正确关联。观测点主要由雷达回波信号得到的样本点数据组成，包括目标信息和噪声信号。预测点是对当前时刻的观测点进行预测而得到的下一时刻的目标位置估计。国内外学者对聚类算法和数据关联算法进行了大量研究。

目前，聚类算法有四类：第一类是基于划分的聚类算法；第二类是基于密度的聚类算法；第三类是基于网格的聚类算法；第四类是基于约束的聚类算法。K-Means 聚类算法是典型的基于划分的聚类算法，该算法必须事先为每个类别确定一个聚类中心，其收敛速度慢，只能处理数值型数据，对异常值敏感，很多学者对该算法进行了改进。Pelleg 等提出了 X-Means 算法，提高了算法的收敛速度；Nguyen 等提出了 K-Modes 算法，拓展了算法适用的数据类型；Bezdek 提出了模糊 C 均值（Fuzzy C-Means，FCM）聚类算法，用隶属度表示样本点之间的相似性，是一种具有良好收敛性的软聚类算法。

DBSCAN（Density-based Spatial Clustering of Applications with Noise）聚类算法基于密度划分，将具有足够密度的区域分为一类，聚类结果为密度相连的点的最大集合。Birant 等对 DBSCAN 聚类算法进行了改进，提出了 ST-DBSCAN（Spatial-Temporal DBSCAN）聚类算法，该算法可以更准确地对不同维度的数据进行聚类；钱鹏江等提出了自适应 GRC（Graph-based Relaxed Clustering）聚类算法；Mihael Ankers 提出了在参数次序结构上的 OPTICS（Ordering Points to Identify the Clustering Structure）聚类算法；Martin Ester 提出了 DENCLUE（Density-based Clustering）聚类算法；Wang 提出了 STING 聚类算法。

数据关联算法包括单目标关联算法和多目标关联算法。1971 年，Singer 提出了最近邻数据关联（Nearest Neighbor Data Association，NNDA）算法，其应用于单目标跟踪时效果较好。该算法将距离目标预测点最近的观测点定为关联点迹，并利用该观测点继续进行状态更新。在杂波较少且目标较分散的情况下，算法的执行效率很高，但在密集的多目标场景或临近目标场景中，会出现关联错误的情况，存在正确率低、抗干扰能力弱等问题。有学者对最近邻数据关联算法进行了改进，提出了全局最近邻数据关联（Global Nearest Neighbor Data Association，GNNDA）算法，利用总统计距离最小寻找关联点迹，逐步形成了基于贝叶斯思想的“软关联”算法。

概率数据关联（Probability Data Association，PDA）算法是 Bar-Shalom 和 Jaffer 提出的次优滤波算法。因为 PDA 算法是在假设关联区域内仅存在一个目标的情况下应用的，所以在利用该算法进行目标关联时能处理的目标数量和最近邻数据关联算法类似。为了解决多目标数据关联问题，Bar-Shalom 提出了联合概率数据关联（Joint Probability Data Association，JPDA）算法。JPDA 算法通过计算所有联合事件出现的概率来选择最合适的事件，导致计算量随雷达回波信号的增加呈指数级增加。虽然该算法可以很好地解决多目标数据关联问题，但实时性不好。在数据关联算法研究方面，国内专家和学者们也做出了卓越贡献，比较有代表性的是西北工业大学的潘泉教授，他在 JPDA 算法的基础上，提出了一种广义概率数据关联（Generalized Probability Data Association，GPDA）算法。该算法结合了更多关联事件信息，计算量仅随雷达回波信号的增加线性增加，与 JPDA 算法相比，其精度更高、实时性更强。Reid 等提出了多假设跟踪（Multiple Hypothesis Tracking，MHT）算法，该算法考虑了观测点源于已有目标、新目标和背景杂波的多种可能性，通过评估来解决目标跟踪问题。因为 MHT 算法几乎考虑了所有情况，所以其跟踪精度较高，实时性不好。

很多学者在上述算法的基础上进行了改进和创新。例如，Musicki 和 Evans 提出了联合集成概率数据关联（Joint Integrated Probability Data Association，JIPDA）算法；Song 等提出了概率多假设跟踪（Probabilistic Multiple Hypothesis Tracking，PMHT）算法；Turkmen 等提出了简化的联合概率数据关联（Cheap Joint Integrated Probability Data Association，CJPDA）算法；Roecker 等提出了次优联合概率数据关联（Suboptimal Joint Integrated Probability Data Association，SJPDA）算法；Fitzgerald 等提出了精确最近邻 PDA（Exact Nearest Neighbor PDA，ENNPDA）算法；Blom 和 Bloem 提出了耦合概率数据关联（Coupled Probability Data Association，CPDA）算法。

1.3 雷达测速系统

作为一种典型的微波电子测量仪器，传统的交通雷达测速设备主要依据多普勒测速原理，其主要作用是配合交通管理部门的工作，应用于公路、铁路、水路等需要进行测速、限速的场所。

雷达测速系统是智能交通领域的重要测量设备，如果通过实时信号分析发现有目标进入雷达照射区，则雷达内部的信号处理器通过处理微波前端传回的数据，计算得到目标的速度等信息，并传给上位机（工控机）。同时，可以向与雷达相连的摄像机提供信号，以记录相关信息，并通过固定渠道将所有信息传递给相关的交通管理部门。

雷达测速系统如图 1-4 所示，主要包括雷达信号处理系统、CCD 摄像机控制单元、上位机信息处理系统及无线传输系统，下面对其进行简要说明。

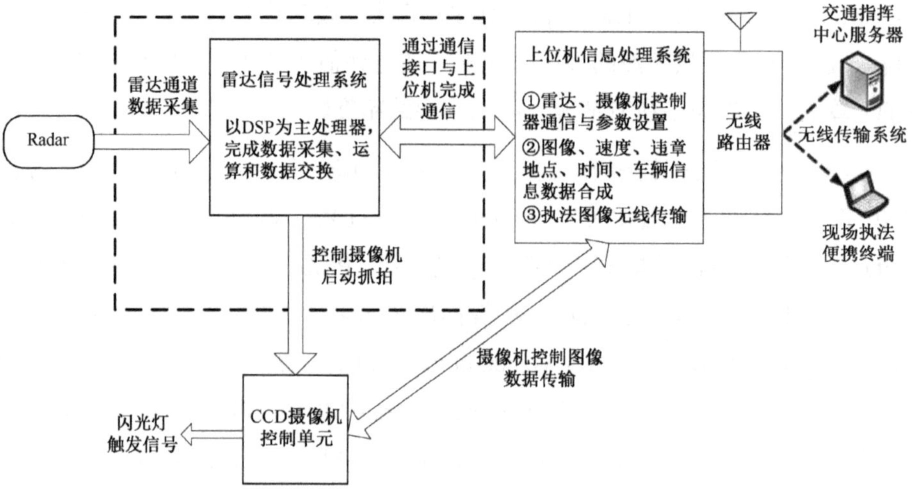

图 1-4　雷达测速系统

1. 雷达信号处理系统

雷达测速系统对目标车辆的有效识别与准确跟踪是研究重点，雷达工作的中心频率为 24.15GHz，雷达天线发射信号被目标车辆反射回来，天线接收后经过正交混频、放大，将模拟信号转换成数字信号，并传递给数字信号处理器，数字信号处理器在进行相关运算与处理后，判断出与目标车辆相关的信息，包括速度、方向、距离等。根据具体工作状态确定是否触发摄像机对目标车辆进行抓拍并记录信息。

2. CCD 摄像机控制单元

摄像机的作用不只是抓拍，当摄像机收到雷达发出的抓拍信号时，第一时间抓拍并接收雷达发射的速度、距离等信息。同时，还要进行视频和图像处理，从抓拍图像中提取车辆的车牌等有用信息，确保信息完整和有效。

3. 上位机信息处理系统

上位机信息处理系统的主要功能是接收并处理雷达和摄像机传回的相关信息，并根据工作要求对获取的信息进行分类处理，存入数据库。通过无线传输系统，上位机能够根据具体需求将相关信息传递给交通管理部门或交通执法部门，具有实时有效的特点。

4. 无线传输系统

无线传输系统主要由无线调制解调器或无线路由器组成。为了近距离传递数据，上位机与无线路由器相连；如果需要与交通管理部门实现远距离信息传递，则上位机必须与无线调制解调器相连，采用拨号等工作方式。

1.4 视频目标检测的研究现状

目标检测的目的是从图像中获取一个或多个目标的位置和类别。传统目标检测算法更依赖人类主观设计的特征算子，如 HOG 特征和 SIFT 算子等。但在大多数情况下，特征提取算法具有一定的局限性，很难用于进行其他检测。2008年，Felzenszwalb 基于目标的不同组件可以组合成一个弹簧模型的思想提出了 DPM 算法，该算法采用根滤波器和组件滤波器提取图像特征，并通过隐支持向量机（Latent Support Vector Machine，LSVM）训练目标的梯度模型，将该模型作为模板进行目标匹配。近年来，深度学习的兴起，尤其是卷积神经网络的发展，为特征提取提供了新的思路，即避免主观特征设计，利用模型从数据中自动完成特征提取。

目前，基于卷积神经网络的目标检测可以分为两类：基于候选区域（Region Proposal）的 R-CNN 系列算法和基于网格划分（Grid Partition）的 YOLO 算法。2013 年，Ross Girshick 提出了 R-CNN 算法，抛弃了传统滑动窗的穷尽式搜索算法，采用“聚类”思想预先给出 1000～2000 个可能为目标的候选区域，再利用卷积神经网络进行特征提取，并由 SVM 分类器和 Bounding box 回归器分别进行分类和回归。R-CNN 算法首次将深度学习引入目标检测领域，并大幅提高了检测率，在 PASCAL VOC 上的检测率由 35.1%提升至 53.7%。2015 年，为了解决 R-CNN 算法速度过慢的问题，Ross Girshick 进一步优化 R-CNN 算法，提出了 Fast R-CNN 和 Faster R-CNN 算法。Fast R-CNN 算法借鉴了 SPP-Net 的空间金字塔池化（Spatial Pyramid Pooling）思想，取消了图像归一化过程，解决了图像变形导致的信息丢失问题，使算法流程更紧凑，不仅将目标识别率提高到67%左右，还大幅提高了检测速度。在网络规模相同的情况下，与 R-CNN 相比，Fast R-CNN 的训练时间从 84 小时缩短至 9.5 小时，测试时间从 47 秒缩短至 0.32 秒。Faster R-CNN 算法的最大改进是提出了 RPN（Region Proposal Network），不再使用单独步骤提取候选区域，将目标检测的所有步骤统一到一个深度学习框架中，实现了端对端检测，是目前识别率最高的目标检测算法。

由于 R-CNN 系列算法的速度依然无法满足实时检测需求。2015 年，Joseph Redmon 提出了基于网格划分的 YOLO 算法。与基于候选区域的算法不同，YOLO 算法将目标检测视为回归问题，输入图像经过一次网络的 Inference 就可以直接得到所有目标的位置、类别和置信概率，并可以端对端优化目标检测性能。因此，YOLO 算法的检测速度远远快于 R-CNN 系列算法，在 Titan X 的 GPU 上可达 45fps。但采用 YOLO 算法进行目标检测的识别率较低，且对小目标的检测效果不是很理想，原因在于网格划分导致特征丢失严重，缺乏多尺度上的回归。2015 年，刘伟提出了 SSD（Single Shot Multibox Detector）目标检测算法，该算法利用卷积神经网络中具有不同感受野（Receptive Field）的网络层提取不同尺度的特征图，并利用多尺度特征图改善小目标检测问题。

1.5　本章小结

本章介绍了我国智能交通领域的发展情况，指出了相关技术的缺陷并提出了改进方案，介绍了毫米波雷达的相关特点及利用毫米波雷达构建多目标跟踪系统的构想。本章选取了几种具有代表性的交通雷达，重点介绍了它们的特点及性能指标，也介绍了相关的雷达信号处理技术和雷达测速系统的重要结构，以及交通场景监测中广泛应用的视频数据处理技术。

第2章

交通雷达体制

雷达发射电磁波并对接收的回波信号进行处理，以得到有效信号。发射的电磁波可以分为脉冲和连续波两大类，将其作为发射波的雷达被称为脉冲雷达和连续波雷达。

前者测距相对简单，利用发射脉冲和收到回波信号的时间差计算目标距离。但在交通卡口雷达中，一般要求测量 100m 内的目标。在这种距离较近的情况下，要求脉冲宽度较窄，以使距离分辨率达到可用范围，工程实现较困难。此外，还要求发射功率的峰值大，导致实现多目标监测的难度大。

后者的发射功率不随时间的推移而发生明显变化，有较好的测速和测距性能，且硬件实现相对容易。因为其发射波在时间上连续，即占空比为 100%，所以在平均功率相同的情况下，其发射功率远远低于脉冲雷达的峰值功率。因此，在交通领域主要对连续波雷达进行研究。

常用的连续波雷达体制包括无调制的连续波（CW）体制、线性调频连续波（LFMCW）体制、频率键控（FSK）体制及 CW-FMCW 复合体制。

2.1　CW 体制

CW 体制主要利用多普勒效应。多普勒效应指当波源与观察者之间有径向相对运动时，接收频率将发生变化。多普勒效应的原理如图 2-1 所示。

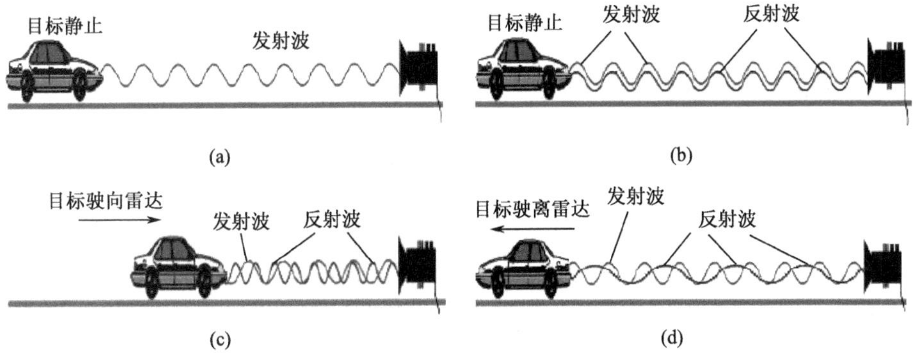

图 2-1　多普勒效应的原理

连续波发射信号为

$$s(t) = A\cos(\omega_0 t + \phi) \tag{2-1}$$

式中，ω_0 为发射角频率，ϕ 为初始相位，A 为振幅。

回波信号为

$$s_r(t) = Ks(t - t_r) = KA\cos[\omega_0(t - t_r) + \phi] \tag{2-2}$$

式中，$t_r = \dfrac{2R}{c}$ 为回波信号延迟于发射信号的时间；c 代表电磁波在空气中的传播速度；R 为待测目标与雷达天线之间的距离，K 为信号衰减系数。

如果待测目标静止，则距离 R 不变。回波信号与发射信号之间具有不变的相位差 $\omega_0 t_r = 2\pi f_0 \dfrac{2R}{c} = 2R\dfrac{2\pi}{\lambda}$。$\lambda$ 为波长，$\lambda = \dfrac{c}{f_0}$；f_0 为电磁波发射频率。

如果待测目标运动，则距离 R 变化。如果待测目标匀速运动，则在 t 时刻，待测目标与雷达天线之间的距离为

$$R(t) = R_0 - \upsilon_r t \tag{2-3}$$

式中，R_0 为 t=0 时待测目标与雷达天线之间的距离；υ_r 为待测目标相对雷达运动的径向速度。

由式（2-2）可知，$t - t_r$ 时刻的发射信号在 t 时刻被接收。因为电磁波在空气中的传播速度 c 远大于待测目标与雷达之间的相对运行速度 υ_r，所以 t_r 近似为

$$t_r = \frac{2R(t)}{c} = \frac{2}{c}(R_0 - \upsilon_r t) \tag{2-4}$$

发射信号与回波信号的相位差为

$$\phi = -\omega_0 t_r = -\omega_0 \frac{2}{c}(R_0 - \upsilon_r t) = -2\pi\frac{2}{\lambda}(R_0 - \upsilon_r t) \tag{2-5}$$

φ 是时间 t 的函数，在速度 υ_r 不变时，频率差为

$$f_d = \frac{1}{2\pi}\frac{\mathrm{d}\phi}{\mathrm{d}t} = \frac{1}{2\pi}\times(2\pi\frac{2}{\lambda}\upsilon_r) = \frac{2}{\lambda}\upsilon_r \tag{2-6}$$

f_d 为多普勒频移，其与雷达波长成反比，与雷达和目标的相对运行速度成

正比，当目标与雷达相互靠近时，多普勒频移为正，接收信号的频率高于发射信号的频率；当待测目标与雷达相互远离时，多普勒频移为负，接收信号的频率低于发射信号的频率。

当车辆驶向测速雷达时，电磁波遇到车辆反射回来的回波信号，从而被压缩，回波信号的频率随车辆行驶速度的提高而增大；相反，当机动车驶离测速雷达时，电磁波遇到车辆反射回来的回波信号，从而被放大，回波信号的频率随车辆行驶速度的提高而减小。当电磁波遇到待测目标反射回来时，回波信号的频率与雷达发射的电磁波频率的关系为

$$f_0' = f_0 + \frac{2\upsilon_r}{c} f_0 \tag{2-7}$$

式中，f_0' 为回波信号的频率；f_0 为雷达发射的电磁波频率；υ_r 为运动目标的径向速度分量。

从式（2-7）中可以看出，雷达接收到的回波信号的频率 f_0' 由两部分构成，一部分是雷达发射的电磁波频率，另一部分是车辆相对雷达运动引起的回波信号的频率偏移，当车辆驶向雷达时，υ_r 为正数，当车辆驶离雷达时，υ_r 为负数，可以将式（2-7）表示为

$$f_d = f_0' - f_0 = \frac{2\upsilon_r f_0}{c} \tag{2-8}$$

由式（2-8）得到车辆的径向速度为

$$\upsilon_r = \frac{c}{2 f_0} f_d \tag{2-9}$$

由式（2-9）可知，车辆的径向速度 υ_r 与多普勒频移 f_d 成正比，因此测得 f_d 就能计算得到 υ_r 。

2.2　LFMCW 体制

FMCW 体制将三角波或锯齿波等高频信号作为调制信号，对发射信号进行

调频，形成调频连续波。对于静止目标，其将回波信号和发射信号混频并得到差频信号，处理后得到目标的距离信息；对于运动目标，其根据同时存在的多普勒频移得到目标的速度信息。

在 FMCW 体制下，雷达的发射波是等幅波，频率随时间的推移而发生周期变化。在每周期内，频率与时间呈线性关系，通过检测回波信号的频率来得到目标的距离和速度。而在 LFMCW 体制下，载频信号的频率与时间具有线性关系。在一定区间内，载频信号的频率和调制信号的电压具有线性关系，两者随时间变化的曲线具有相似形状。下面以三角波为例，说明 LFMCW 体制的测速和测距原理。三角波调制电压、频率与时间的关系如图 2-2 所示。

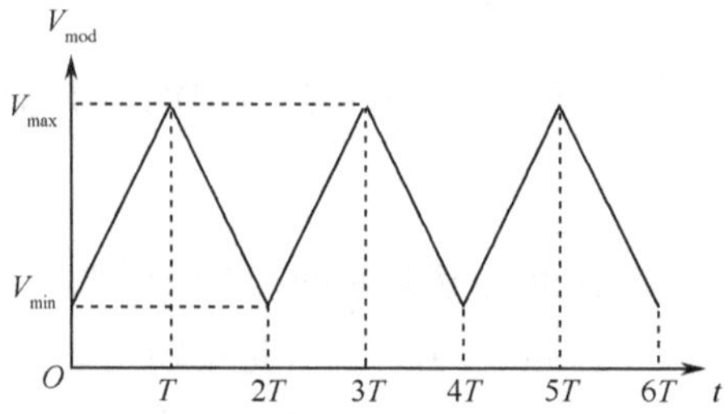

(a) 三角波调制电压与时间的关系

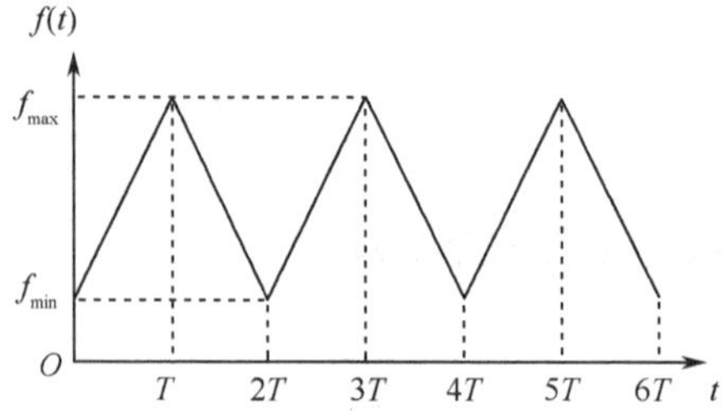

(b) 三角波调制频率与时间的关系

图 2-2　三角波调制电压、频率与时间的关系

电压表达式为

$$\begin{cases} \Delta V = V_{\max} - V_{\min} \\ V_{\text{mod}} = V_{\min} + \dfrac{\Delta V}{T}(t - 2nT),\ \ 2nT \leqslant t \leqslant (2n+1)T \\ V_{\text{mod}} = V_{\min} + \dfrac{\Delta V}{T}[(t - 2n + 1)T],\ \ (2n+1)T < t \leqslant (2n+2)T \end{cases} \tag{2-10}$$

频率表达式为

$$\begin{cases} f_{\max} = f_0 + kV_{\max} \\ f_{\min} = f_0 + kV_{\min} \\ \Delta f = f_{\max} - f_{\min} \\ f(t) = f_{\min} + \dfrac{\Delta f}{T}(t - 2nT)，\ 2nT \leqslant t \leqslant (2n+1)T \\ f(t) = f_{\max} + \dfrac{\Delta f}{T}\left[t - (2n+1)T\right]，\ (2n+1)T < t \leqslant (2n+2)T \end{cases} \tag{2-11}$$

静止目标和运动目标的中频频率分别如图 2-3 和图 2-4 所示。

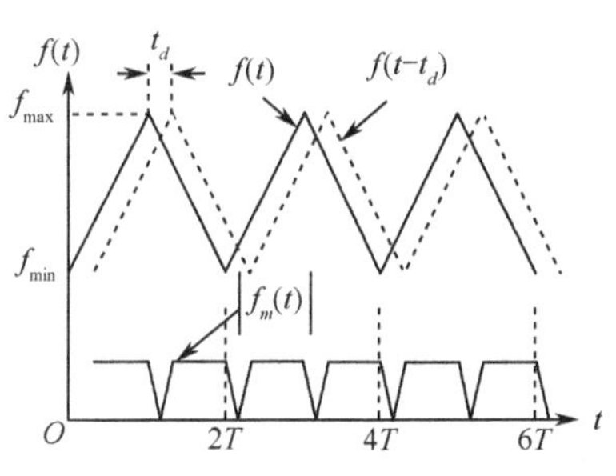

图 2-3 静止目标的中频频率

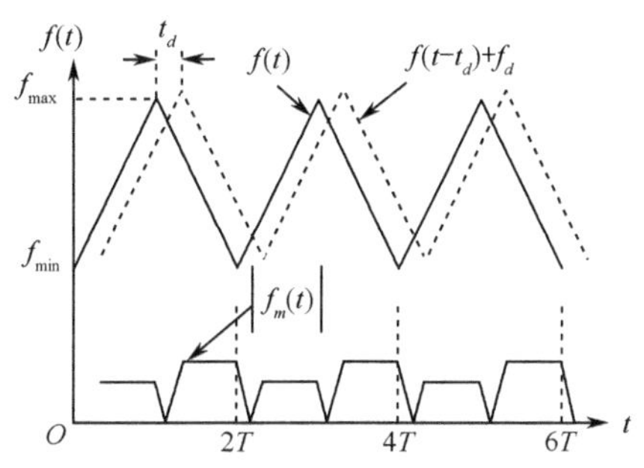

图 2-4 运动目标的中频频率

由图 2-3 和图 2-4 可知，在时间为$[T + t_d, 2T]$时，$f_m(t)$为负数，相对于正频率来说，负频率仅表示相位角绕圆周反方向变化的快慢。实际上，我们只能从仪器中读出频率的绝对值，其代表相位变换的快慢。在时间段t_d内，中频频率线性变化，在其余时间段内，中频频率不变。三角波调制中频频率为

$$\begin{cases} \left|f_{m1}(t)\right| = \dfrac{\Delta f}{t}\dfrac{2R}{c} - \dfrac{2\upsilon}{\lambda}，\ 2nT + t_d \leqslant t \leqslant (2n+1)T \\ \left|f_{m2}(t)\right| = \dfrac{\Delta f}{T}\dfrac{2R}{c} - \dfrac{2\upsilon}{\lambda}，\ (2n+1)T + t_d \leqslant t \leqslant (2n+2)T \end{cases} \tag{2-12}$$

由式（2-12）可得

$$\begin{cases} R = \dfrac{cT\left|f_{i1}(t_1) + f_{i2}(t_2)\right|}{4\Delta f} \\ \upsilon = \dfrac{\lambda\left|f_{i1}(t_1) + f_{i2}(t_2)\right|}{2} = \dfrac{c\left|f_{i1}(t_1) + f_{i2}(t_2)\right|}{2f_0} \end{cases} \tag{2-13}$$

式中，t_1 和 t_2 分别表示两个时间段，$f_{i1}(t_1)$ 和 $f_{i2}(t_2)$ 分别表示与时间段 t_1 和 t_2 对应的中频频率。

电磁波在空气中的传播速度 c 、周期 $2T$、扫频带宽 Δf 、中心频率 f_0 已知，只要我们求得对应时间段的中频频率 $f_{i1}(t)$ 和 $f_{i2}(t)$ ，就可得到目标的距离和速度。静止目标的速度为零，没有多普勒频移。LFMCW 体制的缺点是好的线性调频度不易获得，导致距离分辨率变坏，需要与其他体制结合，以正确分辨多个运动目标。如果式（2-12）中的两个方程相同，则有

$$\begin{cases} f_i(t) = \dfrac{\Delta f}{T}\dfrac{2R}{c} \\ \Delta f = \dfrac{Tf_i(t)}{t_d} \\ R = \dfrac{cTf_i(t)}{2\Delta f} \end{cases} \tag{2-14}$$

当在雷达照射区内发现多个距离不同的静止目标时，因为不存在多普勒频移，信号的每个频率对应一个距离，所以雷达可以分辨不同的目标。当前方有多个距离不同的运动目标时，中频信号的频谱中会产生一组数量为目标数量的两倍的频率，因此对于一个目标来说，无法确定与之关联的唯一频率，无法区分目标，甚至会得到不存在的虚假目标。在这种情况下，需要结合其他调制方式来正确识别目标，如幅值相同、周期不同的三角波调制及周期相同、幅值不同的三角波调制等。

2.3 FSK 体制

在 FSK 体制下，雷达发射连续波并接收回波信号，调制信号为方波信号，即频率为 f_1 、 f_2 的信号。FSK 体制的工作原理如图 2-5 所示。

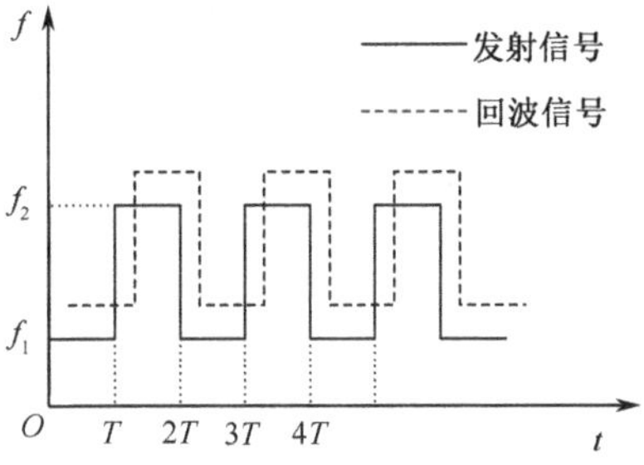

图 2-5　FSK 体制的工作原理

发射信号为

$$V_t(t)=\begin{cases}A_{t1}\cos\left[\varphi_1(t)\right]=A_{t1}\cos\left(2\pi f_1 t+\varphi_0\right),\ 2nT\leqslant t\leqslant(2n+1)T\\ A_{t2}\cos\left[\varphi_2(t)\right]=A_{t2}\cos\left(2\pi f_2 t+\varphi_0'\right),\ (2n+1)T<t\leqslant(2n+2)T\end{cases}\tag{2-15}$$

回波信号为

$$\begin{aligned}V_r(t)&=\begin{cases}A_r\cos\left[2\pi f_1\left(t-t_d\right)+\varphi_0\right],\ 2nT\leqslant t\leqslant(2n+1)T\\ A_r\cos\left[2\pi f_2\left(t-t_d'\right)+\varphi_0'\right],\ (2n+1)T<t\leqslant(2n+2)T\end{cases}\\ &=\begin{cases}A_r\cos\left[\varphi_1(t)-2\pi f_1 t_d\right],\ 2nT\leqslant t\leqslant(2n+1)T\\ A_r\cos\left[\varphi_2(t)-2\pi f_2 t_d'\right],\ (2n+1)T<t\leqslant(2n+2)T\end{cases}\end{aligned}\tag{2-16}$$

经过混频解调，得到中频信号为

$$\begin{aligned}V_i(t)&=\begin{cases}A_i\cos\left[\varphi_{i1}(t)\right],\ 2nT+t_d\leqslant t\leqslant(2n+1)T\\ A_i\cos\left[\varphi_{i2}(t)\right],\ (2n+1)T+t_d\leqslant t\leqslant(2n+2)T\end{cases}\\ &=\begin{cases}A_i\cos\left(2\pi f_1 t_d\right),\ 2nT+t_d\leqslant t\leqslant(2n+1)T\\ A_i\cos\left(2\pi f_2 t_d'\right),\ (2n+1)T+t_d\leqslant t\leqslant(2n+2)T\end{cases}\\ &=\begin{cases}A_i\cos\left(\dfrac{4\pi f_1}{c}R\right),\ 2nT+t_d\leqslant t\leqslant(2n+1)T\\ A_i\cos\left(\dfrac{4\pi f_2}{c}R'\right),\ (2n+1)T+t_d\leqslant t\leqslant(2n+2)T\end{cases}\end{aligned}\tag{2-17}$$

$$R=R_0-vt\tag{2-18}$$

$$R'=R_0'-v't\tag{2-19}$$

式中，R_0 是频率为 f_1 的信号 $V_1(t)$ 到达目标时，雷达与目标的距离，v 为目标的径向速度；R_0' 是频率为 f_2 的信号 $V_2(t)$ 到达目标时，雷达与目标的距离，v' 为目标的径向速度。

得到中频信号的频率为

$$f_i=\begin{cases}\dfrac{1}{2\pi}\dfrac{\mathrm{d}\varphi_{i1}}{\mathrm{d}t}=\dfrac{1}{2\pi}\dfrac{\mathrm{d}}{\mathrm{d}t}\left(\dfrac{4\pi f_1}{c}R\right)=\dfrac{2f_1}{c}\dfrac{\mathrm{d}R}{\mathrm{d}t}\\ \quad=\dfrac{2f_1}{c}v=\dfrac{2}{\lambda_1}v=f_{d1},\ 2nT+t_d\leqslant t\leqslant(2n+1)T\\ \dfrac{1}{2\pi}\dfrac{\mathrm{d}\varphi_{i2}}{\mathrm{d}t}=\dfrac{1}{2\pi}\dfrac{\mathrm{d}}{\mathrm{d}t}\left(\dfrac{4\pi f_2}{c}R'\right)=\dfrac{2f_2}{c}\dfrac{\mathrm{d}R'}{\mathrm{d}t}\\ \quad=\dfrac{2f_2}{c}v'=\dfrac{2}{\lambda_2}v'=f_{d2},\ (2n+1)T+t_d\leqslant t\leqslant(2n+2)T\end{cases} \tag{2-20}$$

式中，f_{d1} 和 f_{d2} 分别为两个回波信号的多普勒频移。

雷达工作的中心频率为 24.15GHz，扫频带宽 $\Delta f=|f_1-f_2|=1.5\text{MHz}$，与信号的中心频率相比非常小。在实际计算多普勒频移时，如果两路发射信号的频率都用 f_1 来替代，其相对误差 $\delta=\Delta f/f_1=0.006\%$，对于所用雷达系统来说几乎无法区分，因此可以认为两路信号有相同的多普勒频移 f_d。由式（2-3）可以得到目标的速度，当存在多个运动目标时，速度不同的目标的 f_d 也不同，FSK 体制雷达可以根据该特点来区分频谱中的目标。

由式（2-17）可知，每个运动目标的中频信号都可以解调为两个相位不同但频率几乎相同的信号，通过分析它们的相位，可以得到目标距离。两个信号的相位差和频率差的关系为

$$\Delta\varphi=\varphi_1-\varphi_2=\frac{4\pi R(f_1-f_2)}{c}=\frac{4\pi R\Delta f}{c} \tag{2-21}$$

可以得到目标距离为

$$R=\frac{c\Delta\varphi}{4\pi\Delta f},\ \Delta\varphi\in(-\pi,\pi) \tag{2-22}$$

由于雷达载频信号的频率 f_1、f_2 已知，可以得到扫频带宽 Δf。只要计算出

两个信号的相位差$\Delta\varphi$，就可以得到目标距离。

FSK 体制雷达发射的是双频连续波，信号的两个频率交替出现，利用多普勒频移测速，通过接收机内两个载频的相位差得到目标距离。FSK 体制雷达实现较容易，抗噪声与抗衰减性能较好，且能测量目标速度、距离及具有不同速度的多个目标。但它是通过目标的多普勒频移来分辨多目标的，因此只能检测运动目标，无法检测静止目标，这一特点应用于道路恰好是一种优势，可以排除道路、井盖及周边栏杆等静止物体产生的静止杂波干扰，提高目标的信噪比。

2.4 CW-FMCW 复合体制

目前常用的测速雷达大多采用 CW 体制，只能检测目标的速度，雷达触发仅通过目标回波信号的强度进行判断，当回波信号的强度达到设定值时触发。然而，在实际道路交通环境中，车辆的尺寸、结构、外形材质等不同，导致信号强弱不定，车辆触发距离时近时远，无法从抓拍图像中得到车辆的有效信息，有效抓拍率仅能达到 90%，严重影响了交通管理部门的监管工作，无法满足智能交通行业日益增大的应用需求。

FMCW 体制雷达虽然具有优良的距离分辨率，可以同时获得距离和速度信息，但距离频移与多普勒频移存在耦合效应，导致最终得到的速度、距离精度不高。而且当在其照射范围内有一静止物体，即存在固定的强干扰时，会严重干扰雷达的判断，可能出现假目标。如果同时存在多个目标，还可能会由于 I、Q 两路失配而产生超高速或超低速等不正常现象。多个目标速度与距离耦合甚至会导致各目标的频谱混叠，从而使目标无法分辨，导致速度、距离检测完全错误。

2001 年，德国的 H. Rohling 教授提出 FSK-LFMCW 复合体制，不仅提高了雷达的整体性能，还降低了硬件电路的设计难度。受此启发，研究者深入研究两种体制的工作原理并结合现有工程实现的技术水平，提出 CW-FMCW 复合体，以解决目前市场上存在的常见 CW 体制雷达无法对目标进行高精度定位且有效抓拍率低的问题。

CW-FMCW 复合体制雷达发射信号波形如图 2-6 所示。在图 2-6 中，频率随三角波调制线性变化的部分与 FMCW 体制对应，用于检测目标的速度和距离；频率不随时间变化的部分与固定发射频率的 CW 体制对应，用于精确检测目标的速度。

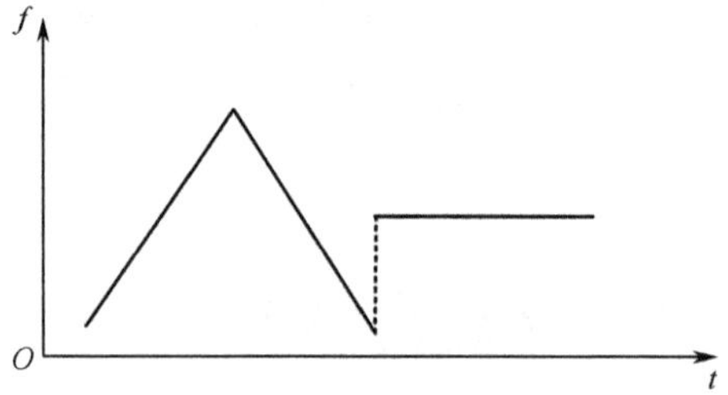

图 2-6　CW-FMCW 复合体制雷达发射信号波形

在 CW-FMCW 复合体制下，两种体制的信号不是同时工作的。因此要改进硬件电路（在硬件电路中新增开关电路），通过 STM32F051 单片机实现调制波形的分时切换，使两种体制在时间上交错有序的工作，即实现两种体制的分时复用，以保证测量运动目标信息的实时性、有效性。

CW-FMCW 复合体制保留了两种体制的全部测量性能，不仅能解决 FMCW 体制测速模糊的问题，还能弥补 CW 体制无法测量目标距离的不足。

在 DSP 算法中，CW-FMCW 复合体制通过 CW 体制得到精确的速度信息，并按照一定的规则用其替代 FMCW 体制下的速度，从而实现 FMCW 体制下距离和速度的解耦。不仅提高了测距精度，实现了对目标的高精度定位，还不影响雷达的测速精度。通过调整硬件相关参数，以及进行 DSP 算法的融合处理，可以实现雷达对目标的高精度定位，提高雷达的有效抓拍率。

2.5 本章小结

本章对几个常用交通雷达体制的测速和测距原理进行了介绍，并比较了各体制的优缺点。CW 体制仅能测量目标的速度；FMCW 体制能同时获得目标的距离和速度，但其对速度的测量并不理想，在出现多个运动目标时，无法区分目标，甚至还会得出虚假目标；复合体制虽然能获得较精确的距离和速度，但对硬件的要求较高；FSK 体制的实现较容易，且抗噪声与抗衰减性能较好，能够测量目标的速度、距离及分辨具有不同速度的多个目标，无法检测静止目标，可以消除道路、周边栏杆等静止物体产生的静止杂波干扰，提高信噪比。

第3章

微波测速雷达信号处理算法

微波测速雷达发射的电磁波信号在空气中传播时会受到各种干扰，包括系统内部噪声、复杂路况及环境干扰。当待测目标与雷达距离较远时，外界环境对信号的干扰较大，导致无法获得有效信号。因此，在将回波信号由时域转换到频域并进行相应的处理之前，需要去除干扰。

传统的雷达信号去噪方法主要对时域信号进行加窗滤波处理，包括 FIR 滤波、中值滤波及 IIR 滤波等。为了使滤波有效，干扰信号的频带与实际信号的频带应不重合或重合部分非常小。但微波测速雷达的回波信号与干扰信号混叠在一起，当目标信号频率较低时，这种混叠现象尤为突出，且回波信号的频率与待测目标的具体位置有关，因此其频谱分布也是不断变化的。传统的加窗去噪方法只能抑制固定频带的干扰信号，无法根据回波信号的频率自适应调整滤波参数。因此，传统的加窗去噪方法不能有效去除回波信号中的噪声干扰。

3.1　去噪算法

为了消除雷达回波信号中的噪声干扰，提取优质的目标信号进行处理，下面介绍两种去噪算法。

3.1.1　基于 EMD 的去噪算法

经验模态分解（Empirical Mode Decomposition，EMD）是针对时域信号提出的信号分析方法，其将信号分解为若干个本征模态函数（Intrinsic Mode Function，IMF）分量，其代表了被分解信号的部分频率特征。从滤波的角度来看，经验模态分解过程相当于令信号通过不同的滤波器，获得信号所有的频率特征，通过筛选噪声信号将非噪声信号重新组合，达到去噪的目的。

1. EMD 的基本原理和滤波特性

EMD 认为每个被拆分的信号都由多个具有不同频率的信号组成，将这些信号集合就得到了 IMF。IMF 必须满足两个条件：①在完整的信号序列上，极值点的个数和过零点的个数相等或相差 1 个；②在任意点，由信号极大值和极小值确定的上下包络均值为 0。

EMD 分解流程如图 3-1 所示。

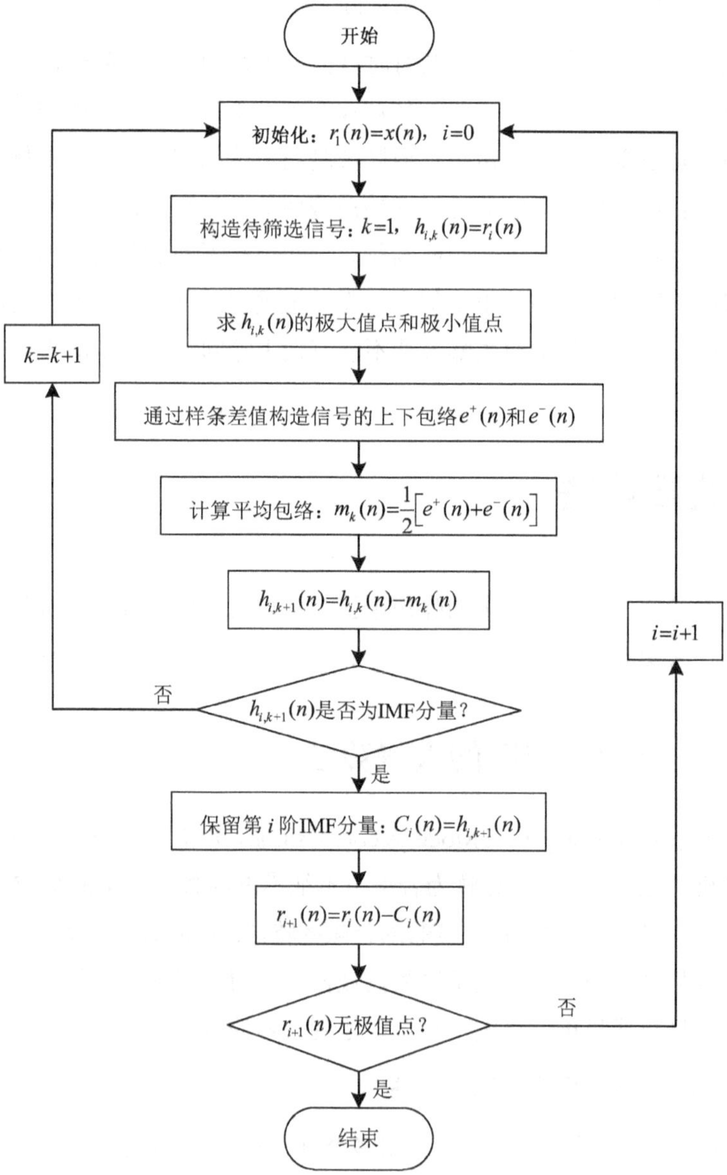

图 3-1　EMD 分解流程

可以将信号 $x(n)$ 拆分为 n 个 IMF 分量和 1 个余项，即

$$x(n)=\sum_{i=1}^{n}C_i(n)+r(n) \tag{3-1}$$

式中，IMF 分量 $C_i(n)$ 包含信号的不同频率成分，其频率从高到低，$r(n)$ 代表中心趋势。经验模态分解方法还具有完备性、正交性与自适应性等特点。

时域信号波形如图 3-2 所示。分解结果如图 3-3 所示。

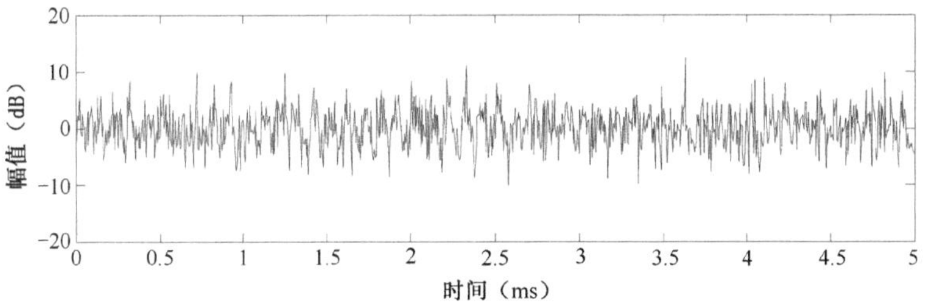

图 3-2　时域信号波形

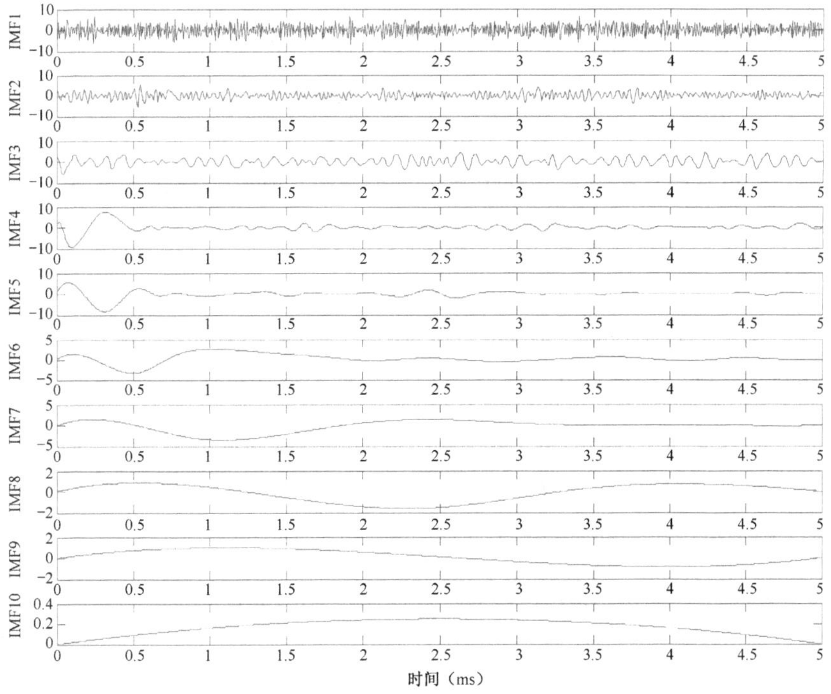

图 3-3　分解结果

由图 3-3 可知，经验模态分解得到 10 个 IMF 分量，其中阶数小的 IMF 分量对应信号的高频成分，主要包含信号的尖锐部分和噪声；阶数大的 IMF 分量对应信号的低频成分，主要包含有用信号和少量低频噪声分量。

传统的去噪方法将 IMF 分量中阶数较小的部分（信号的高频分量）直接滤除，该方法的效果一般且有可能将有用信号滤除。EMD 将信号分解为多个频率从高到低的 IMF 分量，其频率关系为：第 1 个 IMF 分量含有最高瞬时频率成分，第 i 个 IMF 分量的瞬时频率几乎为第（i+1）个 IMF 分量瞬时频率的两倍，这体现出了多尺度的自适应滤波特性。与原始信号相比，每个 IMF 分量都是平稳的窄带信号，可以根据信号的特点，有目的的将部分 IMF 分量组合，突出原始信号在某特定频率范围内的特点，以此构建新的滤波器。因此，差频信号去噪思想为通过 EMD 得到多个 IMF 分量，并将对有用信号贡献较大的 IMF 分量重构，以减小干扰因素的影响，提高信噪比。

2. 基于自相关函数能量特性的 EMD 去噪算法

布德拉等研究了一种基于连续均方误差准则的 EMD 去噪算法，将每个 IMF 分量的能量变化曲线的全局极小值点作为有用信号主导模态和噪声主导模态的分界点。该算法在一定程度上提高了 EMD 去噪能力。当信噪比较高时，其效果较好；当信噪比较低时，其性能不是很稳定，甚至可能找不准 IMF 分量的全局极小值，使该去噪算法完全失去意义。

王婷等研究了一种基于自相关函数特性的 EMD 去噪算法，该算法利用有用信号与噪声信号的自相关函数的分布特征，判定 EMD 去噪算法中自适应滤波器的截止阶数，该算法的去噪效果较好，且不受信噪比限制。但该算法通过观察每个 IMF 分量的自相关函数的分布特点来决定截止阶数，不够直接。相关函数是信号时域特性中的一种平均度量，代表不同信号在不同时刻的相似程度。基于时间平均的自相关函数为

$$R_{xy}(m)=\frac{1}{N-|m|}\sum_{n=0}^{N-1}x_N(n)y_N(n+m) \tag{3-2}$$

式中，m 表示两路信号的时延。为了保证自相关函数序列长度与信号 $x(n)$ 的长度一致，时延 m 应满足

$$-\frac{N}{2}-1<m<\frac{N}{2} \tag{3-3}$$

序列能量为

$$E=\sum_{n=0}^{N-1}x^2(n) \tag{3-4}$$

根据式（3-2）分别计算随机噪声的自相关函数和含有两个正弦分量的一般信号的自相关函数。随机噪声及其自相关函数的时域分布如图 3-4 所示。随机噪声的关联性弱且随机性强，导致其自相关函数在零点处取得最大值，在其他点处的自相关结果非常小。以正弦信号为例，一般信号及其自相关函数的时域分布如图 3-5 所示。自相关函数在零点处没有迅速衰减到较小的值，而是随着时间差的变化而变化。如果一般信号是周期信号，其自相关函数也是周期信号，其变化规律明显与随机噪声的自相关函数的变化规律有很大区别。

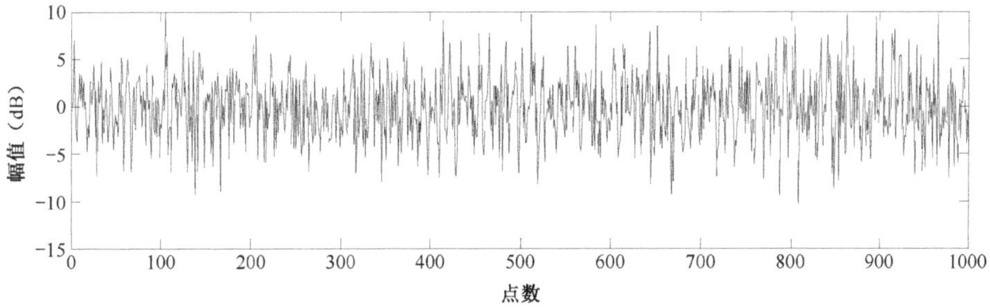

(a) 随机噪声

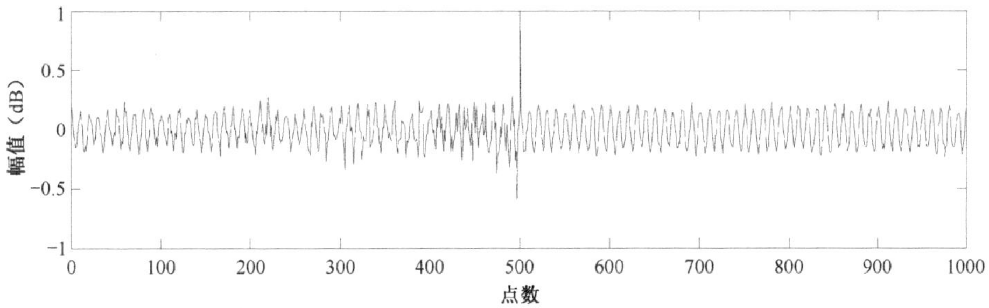

(b) 随机噪声的自相关函数

图 3-4　随机噪声及其自相关函数的时域分布

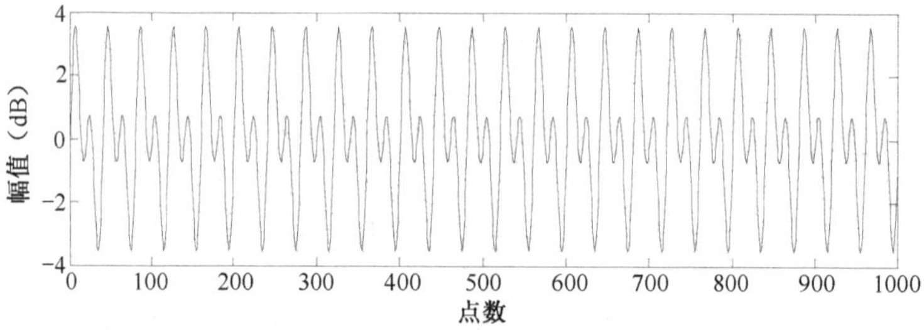

(a) 一般信号

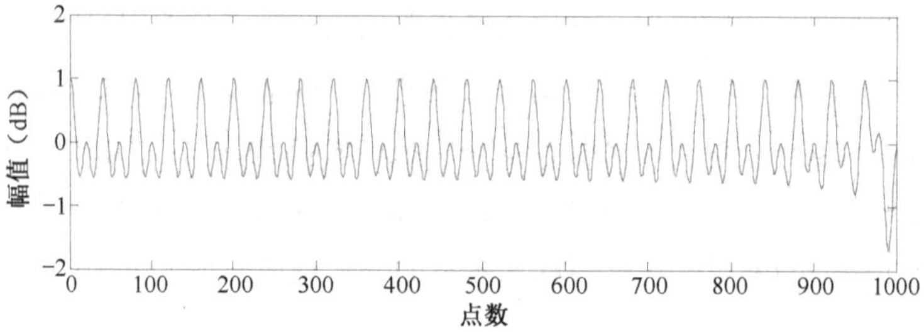

(b) 一般信号的自相关函数

图 3-5　一般信号及其自相关函数的时域分布

随机噪声及其自相关函数与一般信号及其自相关函数的能量对比如表 3-1 所示。在随机噪声和一般信号能量相差不大的情况下，随机噪声的自相关函数的能量远远低于一般信号的自相关函数的能量。

表 3-1　随机噪声及其自相关函数与一般信号及其自相关函数的能量对比

	自身能量（10^{-6}W）	自相关函数能量（10^{-6}W）
随机噪声	499.50	0.52
一般信号	499.69	125.40

Wu 和 Huang 等研究发现，白噪声在 EMD 算法下具有一定的统计特性。对白噪声进行经验模态分解后得到的 IMF 分量都满足正态分布，虽然对高斯白噪声进行经验模态分解后得到的 IMF 分量已经不是实际意义上的白噪声，但其统计被保留下来，也就是说其自相关函数在零点处最大，在其他点处快速衰减为零，与原始的高斯白噪声的自相关函数具有相同的分布特点。下面对含有高斯

白噪声的差频信号进行经验模态分解，得到各 IMF 分量的自相关函数如图 3-6 所示。由图 3-6 可知，IMF 分量的前 3 阶主要包含随机噪声的高频部分，第 4 阶主要包含有用信号，后 6 阶主要包含随机噪声的低频部分。

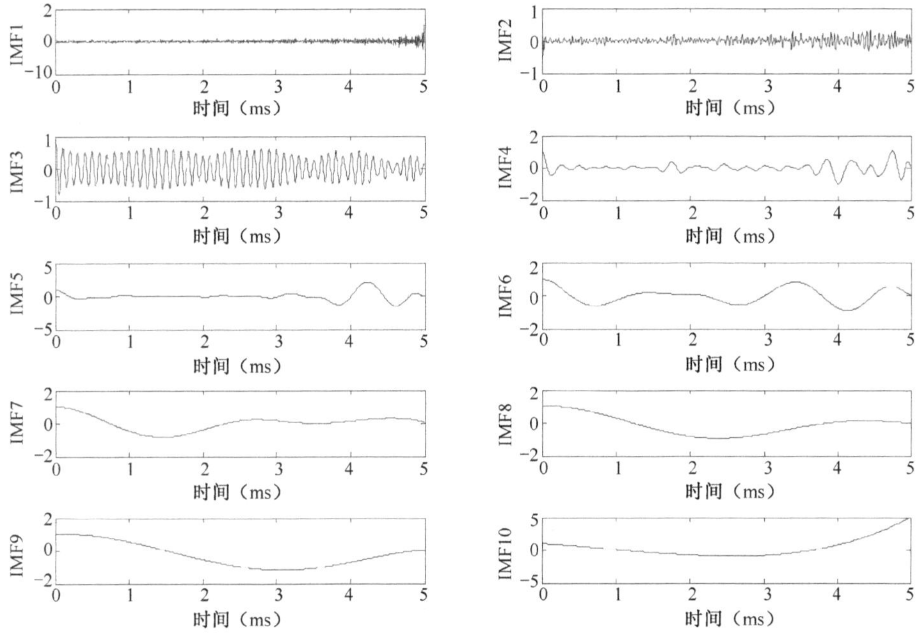

图 3-6 各 IMF 分量的自相关函数

各 IMF 分量自相关函数的能量变化曲线如图 3-7 所示。由图 3-7 可知，第 4 阶 IMF 分量的自相关函数的能量最大，这与图 3-6 的结果相同，第 4 阶主要包含有用信号。通过图 3-7 可以更直接、准确地找到信号模态与噪声模态的分界点。噪声模态与信号模态的分界点就是各 IMF 分量自相关函数能量变化曲线中最大值所在的位置 i_m。

因为第 1 阶 IMF 分量包含的频率成分最多，所以其随机噪声能量最大，第 2 阶 IMF 分量包含的频率成分是第 1 阶的一半，如果第 2 阶 IMF 分量也以随机噪声为主导，则其能量将大幅减小。因此，在信噪比较低时，可能出现第 1 阶 IMF 分量的自相关函数的能量大于主要包含有用信号的 IMF 分量的能量的情况。在信噪比较低的情况下，各 IMF 分量自相关函数的能量变化曲线如图 3-8

所示。在这种情况下，应根据从第 2 阶到最后一阶 IMF 分量自相关函数能量变化曲线的最大值位置 i_m，确定主要包含有用信号的 IMF 分量。

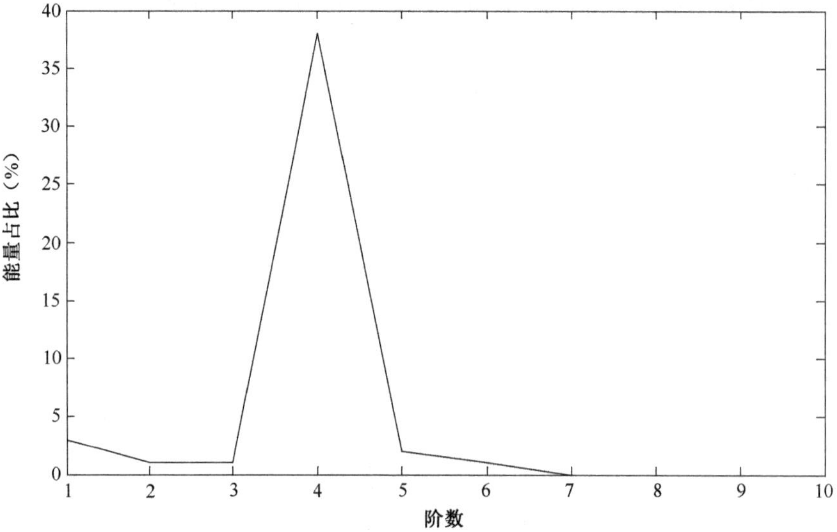

图 3-7　各 IMF 分量自相关函数的能量变化曲线

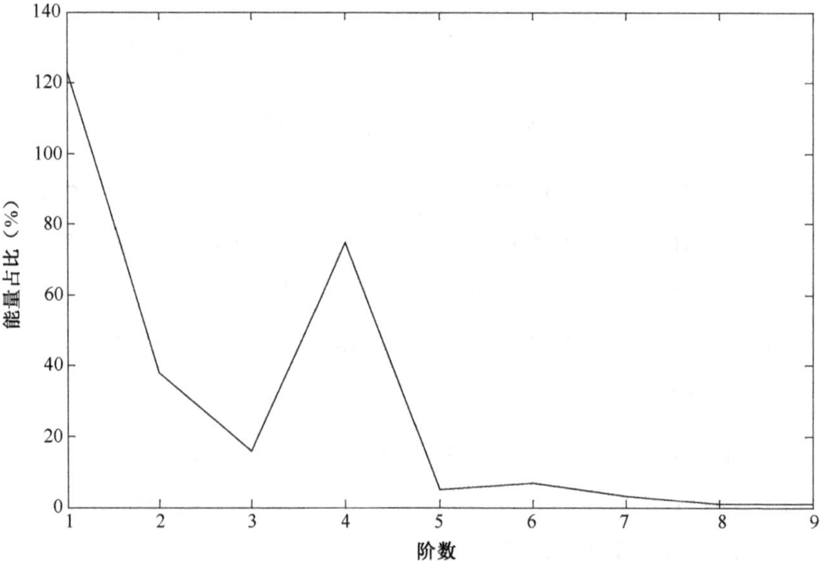

图 3-8　在信噪比较低的情况下，各 IMF 分量自相关函数的能量变化曲线

时域信号为中频信号，应采用带通滤波器重构信号。因为第 i_m-1 阶和第 i_m+1 阶 IMF 分量可能包含时域信号的有用信号，所以应采用第 i_m-1 阶、第 i_m 阶和第 i_m+1 阶 IMF 分量重构信号。其中，第 i_m-1 阶 IMF 分量以噪声为主导，应对其进行软阈值去噪

$$C'_{i_{m-1}}(n)\begin{cases}\operatorname{sgn}\left[C_{i_{m-1}}(n)\right]\left[\left|C_{i_{m-1}}(n)\right|-\lambda\right], & \left|C_{i_{m-1}}(n)\right|>\lambda \\ 0 & , \left|C_{i_{m-1}}(n)\right|<\lambda\end{cases} \tag{3-5}$$

式中，λ 为第 i_m-1 阶 IMF 分量的阈值，计算公式为

$$\lambda=\frac{\operatorname{media}\left[\operatorname{abs}(C_{i_m}-1)\right]}{0.66745}\sqrt{2\ln N} \tag{3-6}$$

式中，media() 是对一个向量取绝对中值的函数。

基于自相关函数能量特性的 EMD 去噪算法的计算步骤如下。

（1）对输入信号进行本征模态分解，得到 N 个本征模态分量。

（2）分别计算各 IMF 分量的无偏自相关函数和自相关函数的能量。

（3）根据各 IMF 分量自相关函数的能量变化曲线，从第 2 阶开始寻找其最大值对应的位置，进一步寻找有用信号对应的本征模态分量阶数。

（4）对第 i_m-1 阶 IMF 分量进行软阈值去噪。

（5）重构信号 $s(n)=C_{i_{m-1}}(n)+C_{i_m}(n)+C_{i_{m+1}}(n)$。

3. 仿真和分析

将正弦信号 $s(n)$ 加入随机分布的高斯白噪声，得到 $y(n)$，设置信噪比为 SNR=−5dB，采用基于自相关函数能量特性的 EMD 去噪算法，用信噪比（SNR）和均方根误差（RMSE）评价去噪效果。

输出信号的信噪比为

$$\mathrm{SNR}=10\lg\frac{\sum_{n=0}^{N-1}s^2(n)}{\sum_{n=0}^{N-1}\left[y(n)-s(n)\right]^2} \tag{3-7}$$

输出信号的均方根误差为

$$\mathrm{RMSE}=\sqrt{\frac{\sum_{n=0}^{N-1}\left[y(n)-s(n)\right]^2}{N}} \tag{3-8}$$

信号去噪前与去噪后的时域分布对比如图 3-9 所示。信号去噪前与去噪后的信噪比及均方根误差如表 3-2 所示。

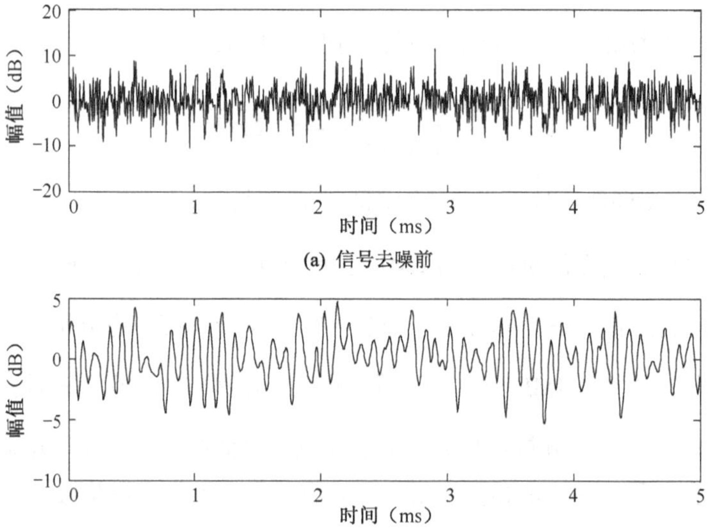

(a) 信号去噪前

(b) 信号去噪后

图 3-9　信号去噪前与去噪后的时域分布对比

表 3-2　信号去噪前与去噪后的信噪比及均方根误差

	信噪比（dB）	均方根误差
信号去噪前	2	0.71
信号去噪后	8.87	0.25

根据结果可以看出，基于自相关函数能量特性的 EMD 去噪算法十分有效，可以在保留原始信号的有效信息的前提下对信号进行滤波。

3.1.2　自相关检测法

1. 自相关检测法的基本原理

自相关检测法利用信号和噪声、噪声和噪声之间不相关的特性，对输入信号进行自相关运算，以提高信噪比。信号 $x(n)$ 的自相关函数 $R_{xx}(m)$ 为

$$R_{xx}(m) = R_{ss}(m) + R_{SZ}(m) + R_{ZS}(m) + R_{zz}(m) \tag{3-9}$$

式中，$R_{ss}(m)$ 和 $R_{zz}(m)$ 分别为正弦信号 $s(n)$ 和噪声信号 $z(n)$ 的自相关函数，$R_{ZS}(m)$ 和 $R_{SZ}(m)$ 分别为噪声信号 $z(n)$ 和正弦信号 $s(n)$ 的互相关函数。噪声信号 $z(n)$ 是随机产生的，与正弦信号 $s(n)$ 没有相关性，因此 $R_{ZS}(m)$ 和 $R_{SZ}(m)$ 近似为 0。高斯白噪声仅在零点处为非零值，在其他点处均为 0，可以得到

$$R_{zz}(m) = \sigma^2 \delta(m) \tag{3-10}$$

式中，$\delta(m)$ 为单位采样信号。正弦信号的自相关函数 $R_{ss}(m)$ 为

$$\begin{aligned} R_{ss}(m) &= \frac{1}{N-|m|} \sum_{n=0}^{N-1-|m|} [a\cos(\omega_0 n + \phi_0)][a\cos(\omega_0 n + \omega_0 m + \phi_0)] \\ &= \frac{a^2}{2}\cos(\omega_0 m) + \frac{1}{N-|m|}\left\{\frac{a^2}{2} \sum_{n=0}^{N-1-|m|} [a\cos(2\omega_0 n + \omega_0 m + 2\phi_0)]\right\} \end{aligned} \tag{3-11}$$

当 N 趋近于正无穷时，式（3-11）中的第二项趋近于 0，正弦信号 $s(n)$ 的自相关函数与原始信号具有相同的频率，而且也是正弦信号。因此，$R_{xx}(m)$ 可以简化为

$$R_{xx}(m) \approx \frac{a^2}{2}\cos(\omega_0 m) + \sigma^2 \delta(m) \tag{3-12}$$

由上述推导得到，对时域信号进行预处理（对其做自相关运算），可以在一定范围内减少噪声对信号质量的影响。但是式（3-12）中还存在一个干扰项 $\sigma^2\delta(m)$，因此在对时域信号进行傅里叶变换时会产生一个常数。在实际应用中处理的是长度有限的离散信号，导致一次自相关运算的效果不理想。

假设含噪声正弦信号的时域波形如图 3-10 所示，高斯白噪声的信号完全遮住了正弦信号，信号做一次自相关运算后的波形如图 3-11 所示。对图 3-10 和

图 3-11 进行对比发现，自相关运算对噪声有一定的滤除效果，但效果不是很理想。因为时域信号受噪声影响的程度与 $|m|$ 相关，$|m|$ 越大，影响越大，所以当信号比较弱时，一次自相关运算的效果不理想。

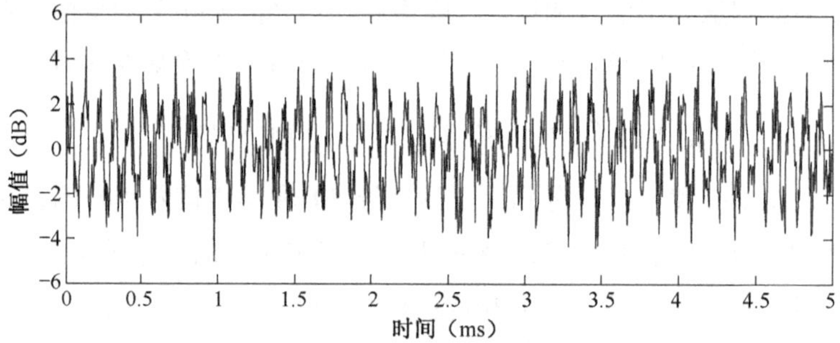

图 3-10　含噪声正弦信号的时域波形

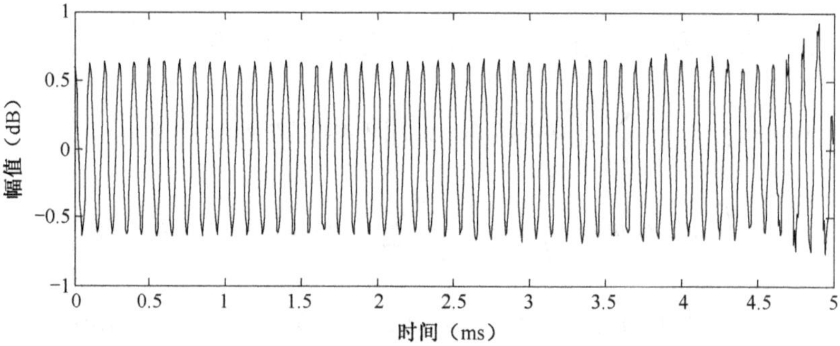

图 3-11　信号做一次自相关运算后的波形

信号做两次自相关运算后的波形如图 3-12 所示。从图 3-12 中可以看出，有效信号被正确提取出来，可以通过做多次自相关运算来提高信号的信噪比。

2. 仿真和分析

随着科学技术的不断发展，网络中的传统数据业务已经失去了主导地位，包括语音、视频等在内的新型业务逐渐占用大量互联网带宽，合理可行的业务分类是实现流量控制及提高用户满意度的重要保障。一般来说，时延、抖动、丢包率是影响用户体验的 3 个关键参数，常常作为划分业务类别的主要依据，以根据实际需求提供服务。

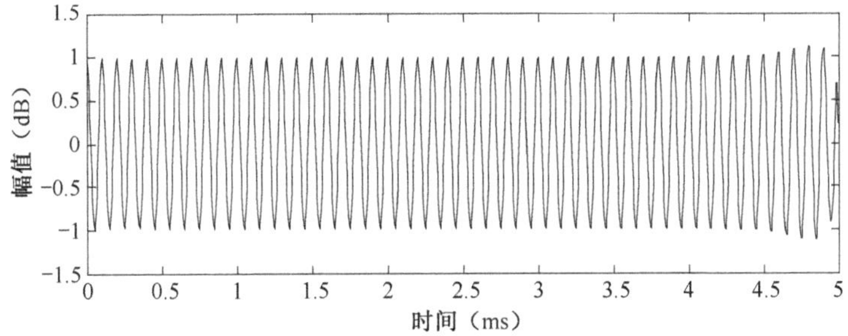

图 3-12　信号做两次自相关运算后的波形

目前，ITU-T（国际电信联盟）、ETSI（欧洲电信标准化协会）及 IETF（国际互联网工程任务组）等组织都对业务分类进行了研究，制定了一系列标准，本节主要应用 ITU-T 的标准。设信噪比为−5dB，将正弦信号与噪声信号混合，采用自相关算法进行仿真，检验去噪效果。信号去噪前的时域信号和频域信号如图 3-13 所示，信号去噪后的时域信号和频域信号如图 3-14 所示。从图 3-13 和图 3-14 中可以看出，正弦信号被成功筛选出来，去噪前与去噪后的有效信号所处的频率相同，信噪比仍为−5dB，正弦信号的工作频率提高。

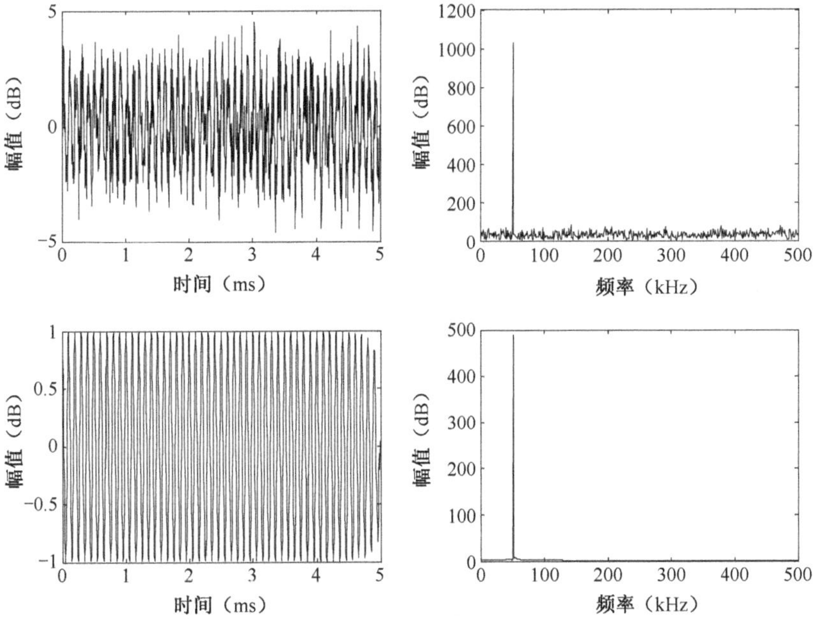

图 3-13　信号去噪前的时域信号和频域信号

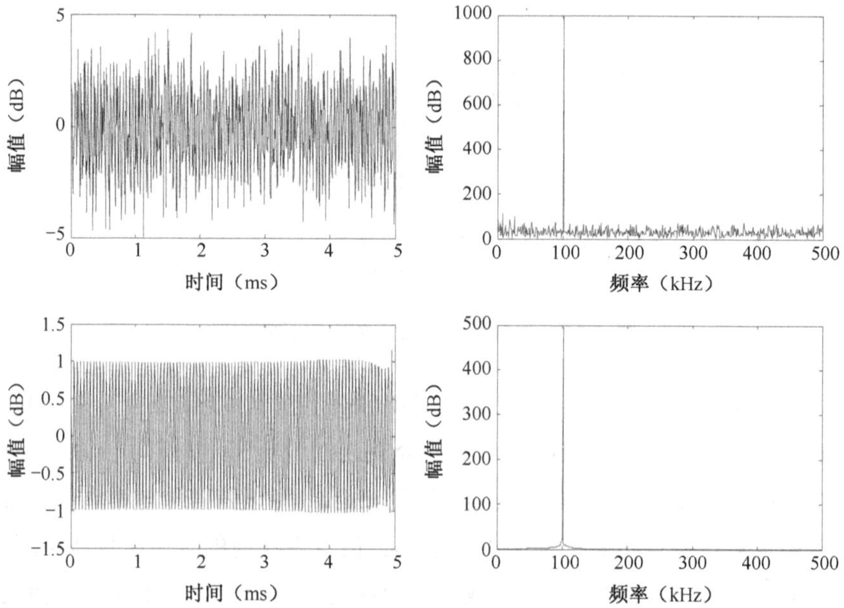

图 3-14　信号去噪后的时域信号和频域信号

自相关检测法具有一定的自适应能力，去噪效果不受信号频率影响。与 EMD 去噪算法相比，自相关检测法原理简单，计算量小，非常适用于 FSK 体制雷达。

3.2　测速雷达角度自适应算法

雷达测速传感器采用非接触方式，利用微波信号相对于地面速度的多普勒效应实现测速功能。因为电磁波在不同环境下的传播速度差别不大，而且受天气的影响较小，所以雷达测速具有很高的可靠性和稳定性。但火车在行进过程中不断振动，导致雷达天线与地面的夹角 θ 发生变化，雷达测速传感器的准确度降低。

传统的火车测速雷达采用双微波模块多 AD 采样、不同情况下多种工作模式相互转换的设计思想来解决误差和稳定性问题，或者采用多个雷达传感器共同定位测速。还有人提出采用一种基于自适应卡尔曼滤波的方法来提高雷达的测速精度。

双天线雷达测速传感器采用双天线结构，利用双天线的角度关系及接收信号的能量大小自动修正天线与地面的夹角。通过 MATLAB 分析数据并测试，发现修正角度后的雷达测速传感器得到的速度测量值更接近真实速度。

3.2.1　火车测速雷达系统

火车测速雷达系统有两种实现方式，一种是天线同向，另一种是天线异向。火车测速雷达系统结构如图 3-15 所示。

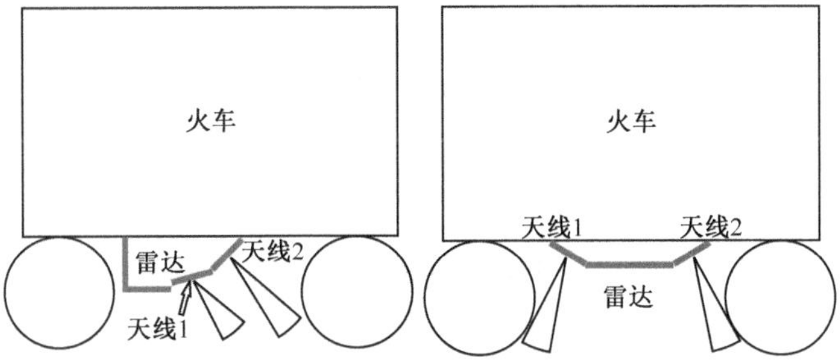

(a) 天线同向　　(b) 天线异向

图 3-15　火车测速雷达系统结构

测速雷达角度自适应算法采用双天线四通道结构，利用天线 1 与天线 2 的多普勒频移得到天线与地面的实际夹角。雷达工作的中心频率为 24.15GHz，雷达测速系统通过串口将处理后的速度信息传送至计算机控制系统。在实际应用中，可以采用角度自修正算法来消除角度偏差引起的测速偏差。下面对该算法进行介绍和分析。

1. 角度自修正算法

雷达测速传感器利用了多普勒效应，安装在火车上的雷达天线向地面发射具有固定频率的电磁波，并接收地面反射回来的信号。因为火车处于运动状态，所以发射信号与回波信号存在频率差，即多普勒频移 f_d，火车的运动速度与多普勒频移的关系为

$$v = \frac{f_d c}{2 f_0 \cos\theta} \tag{3-13}$$

式中，v 为火车的运动速度，f_0 为雷达发射频率，θ 为雷达天线与地面的夹角。

当天线同向时，天线 1 与地面的夹角为θ_1，天线 2 与地面的夹角为θ_2，天线 1 与天线 2 的角度差为定值，设其为$\Delta\theta$，则θ_1与θ_2的关系为

$$\theta_2 - \theta_1 = \Delta\theta \tag{3-14}$$

分别用 f_{d1} 和 f_{d2} 表示天线 1 与天线 2 的多普勒频移，计算得到的速度分别为v_1和v_2，则有

$$\begin{cases} v_1 = \dfrac{f_{d1}c}{2f_0\cos\theta_1} \\ v_2 = \dfrac{f_{d2}c}{2f_0\cos\theta_2} \end{cases} \tag{3-15}$$

天线 1 与天线 2 安装在一个雷达传感器上，在理想情况下有

$$v = v_1 = v_2 \tag{3-16}$$

火车在运动过程中振动，导致天线与地面的夹角出现偏差，使$v \neq v_1 \neq v_2$，但天线 1 与天线 2 的角度差$\Delta\theta$保持不变。设天线 1 与地面的实际夹角为θ_1'，则天线 2 与地面的实际夹角为$\theta_1' + \Delta\theta$，可以得到

$$v = v_1' = v_2' = \frac{f_{d1}c}{2f_0\cos\theta_1'} = \frac{f_{d2}c}{2f_0\cos(\theta_1' + \Delta\theta)} \tag{3-17}$$

由式（3-17）可得

$$\frac{f_{d1}}{f_{d2}} = \frac{\cos\theta_1'}{\cos(\theta_1' + \Delta\theta)} \tag{3-18}$$

根据和差化积公式及$\sin(\theta_1')^2 + \cos(\theta_1')^2 = 1$，可得

$$\cos\theta_1' = f_{d1}\sqrt{\frac{(\sin\Delta\theta)^2}{f_{d1}^2 + f_{d2}^2 - 2f_{d1}f_{d2}\cos\Delta\theta}} \tag{3-19}$$

得到火车的真实速度为

$$v = \frac{c}{2f_0}\sqrt{\frac{f_{d1}^2 + f_{d2}^2 - 2f_{d1}f_{d2}\cos\Delta\theta}{(\sin\Delta\theta)^2}} \tag{3-20}$$

当天线异向时，其计算过程与天线同向时类似。不同之处在于，当天线异向时，天线 1 与天线 2 的角度和为定值，设其为θ_{sum}，则有

$$\theta_1 + \theta_2 = \theta_{\mathrm{sum}} \tag{3-21}$$

推导可得

$$v = \frac{c}{2f_0}\sqrt{\frac{f_{d1}^2 + f_{d2}^2 - 2f_{d1}f_{d2}\cos(\theta_{\mathrm{sum}})}{(\sin\theta_{\mathrm{sum}})^2}} \tag{3-22}$$

2．测试和仿真

将上述算法转化为 DSP 程序，烧录到相应的测速样机中，同向天线的角度差为 15°，异向天线的角度和为 90°。将雷达安装在火车上，上位机采集的真实数据如图 3-16 所示。

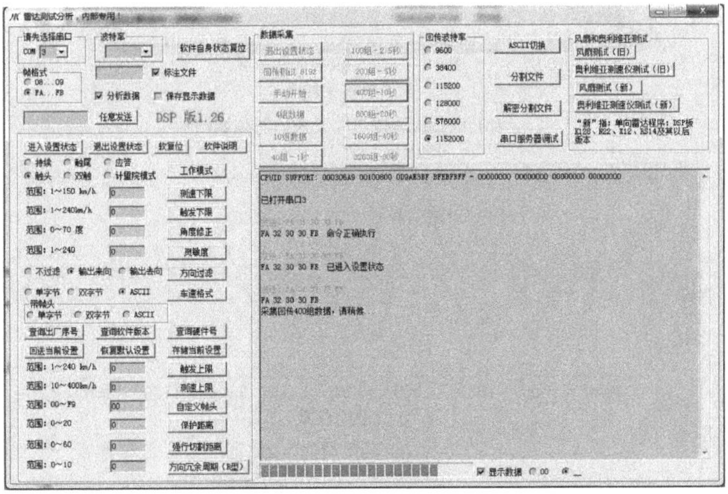

图 3-16　上位机采集的真实数据

安装在火车上的雷达通过串口线连接到 PC 机，通过安装在 PC 机上的上位机采集数据，雷达工作的中心频率为 24.15GHz，采样频率为 40kHz，DSP 程序每周期运算的时域数据点数为 1024 点，因此其中断时间为：1025/（40×10^3）=25.6ms。为便于仿真，采集数据时每组采集 400 周期，共 1024×400×2=819200 点（I 路和 Q 路）。

雷达发射两路频率不停转换的信号，当发射信号遇到地面则反射回雷达，由天线接收。天线同向时天线 2 对应的时域信号和频域信号如图 3-17 所示。I 路

信号与 Q 路信号的相位相差 180°。

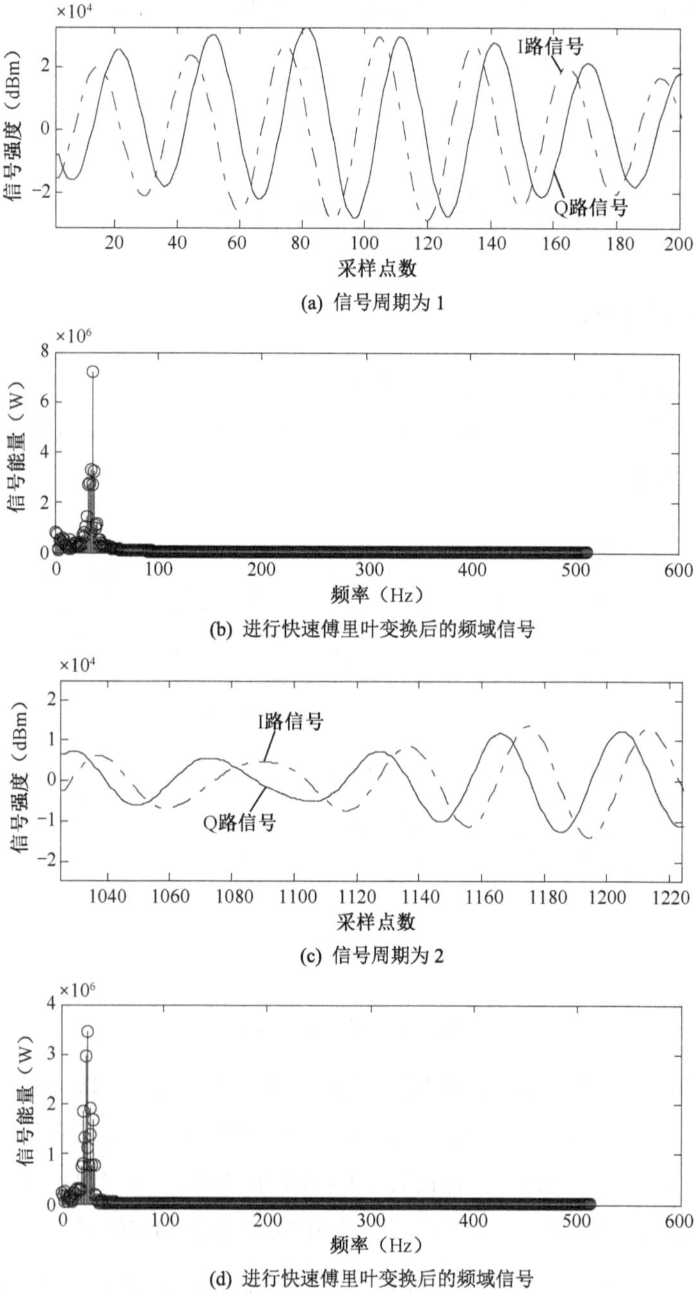

图 3-17　天线同向时天线 2 对应的时域信号和频域信号

采集大量样本并分析，可以发现，在不考虑角度偏差的情况下，直接根据多普勒原理计算得到的速度跳变较大，不够稳定；而通过自修正得到的速度相对稳定，更接近真实速度。天线同向和天线异向时进行角度修正的速度对比如图 3-18 所示。

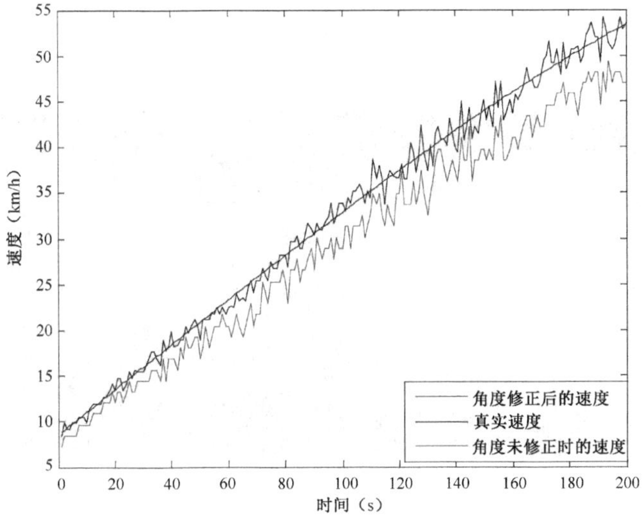

(a) 天线异向

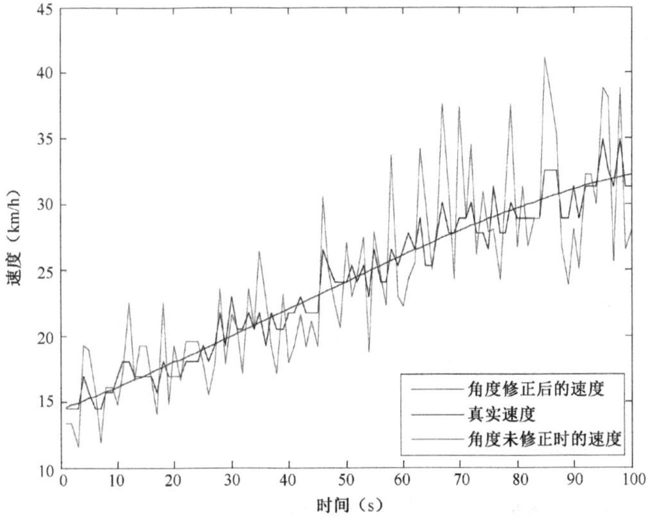

(b) 天线同向

图 3-18　天线同向和天线异向时进行角度修正时速度对比

从图 3-18 中可以看出，角度修正后的速度更接近真实速度。

天线同向雷达有 4 台样机，天线异向雷达有 2 台样机，测试图像如图 3-19 所示。图 3-19 中右侧显示器显示的是天线异向雷达的速度，左侧显示器显示的是天线同向雷达的速度，显示器下方为真实速度。测试发现，与天线同向雷达相比，天线异向雷达的速度更接近真实速度。天线同向雷达与天线异向雷达的速度偏差如表 3-3 所示。

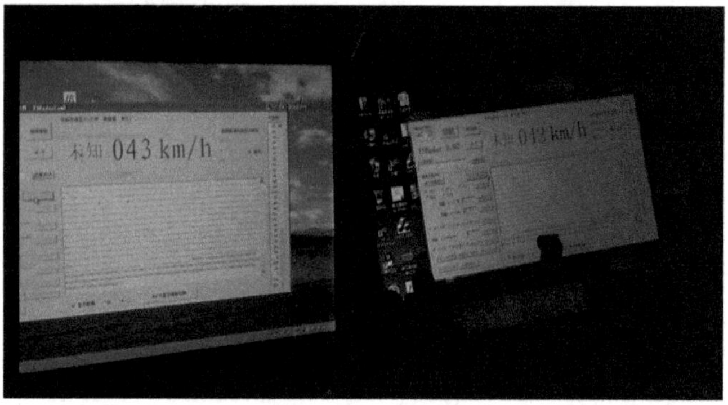

图 3-19　测试图像

表 3-3　天线同向雷达与天线异向雷达的速度偏差

	天线同向				天线异向	
	1 号	2 号	3 号	4 号	1 号	2 号
偏差（km/h）	3～4	1～2	3～6	6～8	0～1	0～1
波动趋势	偏高	上下波动	偏高	偏高	上下波动	上下波动

在火车测速中，激光测速的精度最高，其工作在红外和可见光波段，误差在 1km/h 内。本例中的天线异向雷达测速误差也在 1km/h 内，但激光测速仪只能工作在静止状态下，不能安装在火车上且以车载的动态模式工作，因此无法对火车进行实时测速。

3.2.2　基于样本统计特性的雷达摆角自修正算法

在利用多目标雷达进行交通执法时，只有正确判断出车辆所在的车道，才能得到有效的抓拍图像并将其作为交通执法依据。传统的分车道方法提前设置车道数量、车道宽度、雷达安装位置、雷达摆角等，通过旋转雷达测量坐标系来划分车道，车道数量、车道宽度、雷达安装位置等都可以通过计量得到精确值。尽管雷达摆角（雷达照射方向与车道方向的夹角）可以通过计量得到，但各种不确定因素，导致测量精度低、操作复杂。而该参数对雷达性能的影响很大，如果雷达摆角不合适，会出现多拍、错拍、漏拍情况，严重影响雷达性能。

本节设计一种雷达摆角自修正算法，使雷达在使用时能够通过采集到的目标信号，自行计算雷达摆角，简化后期信号处理的算法复杂度。

1．特征分析

由于实际交通情况较复杂，可假设雷达监测的车道平行，且大部分车辆沿车道行驶。如果在安装雷达时有一定的摆角，则经过雷达照射区的每辆车的运动轨迹相对于雷达来说，都是以某特定角度倾斜的直线，如果知道了这条直线的倾斜角度，也就得到了雷达摆角。

对某段时间内大量车辆的运动轨迹进行统计，得到车辆轨迹分布情况并进行特征分析。某时段雷达照射区内的强信号点云图如图 3-20 所示。

在图 3-20(a)中，可以明显看到 3 条近似为直线的轨迹，其对应雷达实际监测的 3 个车道，另外，还有由杂波、非监测区过车信号构成的鬼影区。大部分杂波信号都可以通过设置幅值门限滤除。

因为车辆沿车道方向行驶，所以车辆的运动轨迹方向就代表车道方向。如果雷达照射方向与车道方向平行，那么在轨迹图中车辆的运动轨迹应该是竖直的。但是实际上在大多数情况下，由于安装不规范，雷达照射方向与车道方向总是存在一定的夹角，导致车辆的运动轨迹不是竖直的。此时，车辆的运动轨迹与竖直方向的夹角就是雷达摆角。

车辆轨迹竖直状态的判别是人工过程，因此，在工程实现上，需要找到能够自动判别竖直状态的算法，并通过与原始状态比较来得到旋转角度。

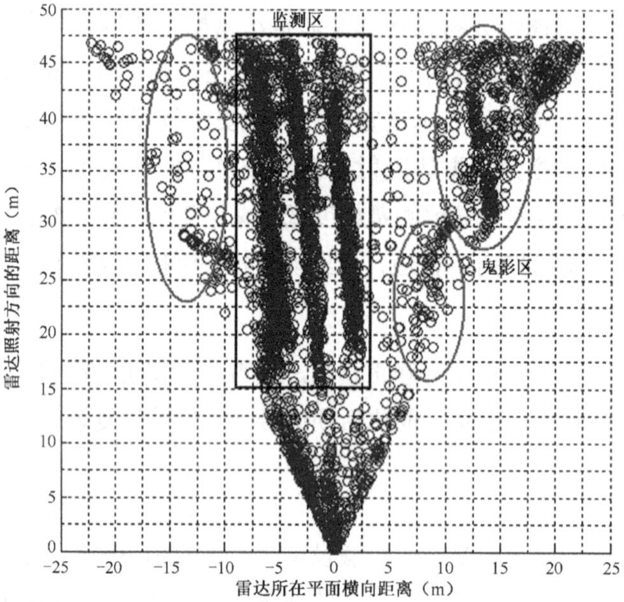

(a) 原始信号的轨迹图

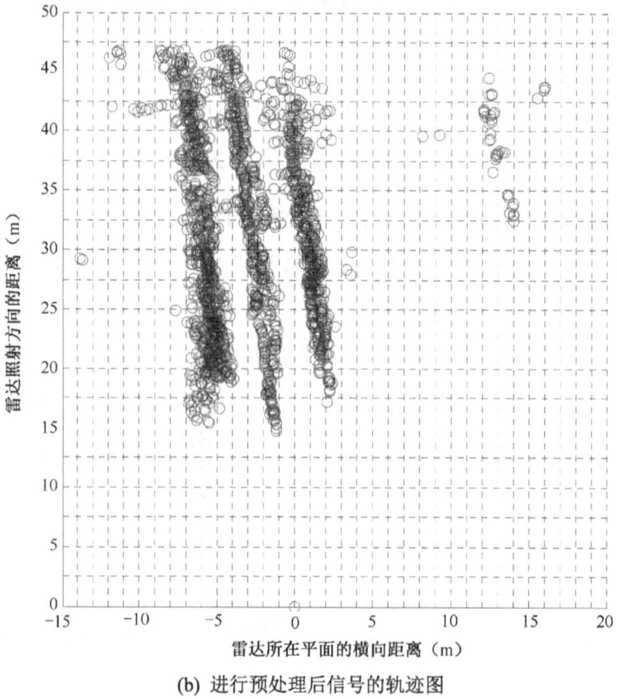

(b) 进行预处理后信号的轨迹图

图 3-20　某时段雷达照射区内的强信号点云图

2. 特征提取与算法实现

前面假设大部分车沿车道行驶，可以认为，在足够长的时间内有足够的车辆通过，车道上的点最多，那么如何得到点最多时的方向呢？

从图 3-20 中可以看出，所有点都分布在路面所在的二维平面上。为了便于统计，将二维平面的点集转换到一维坐标轴上，即将点$\left(x_i, y_i\right)$，$i \in R$ 投影到 x 轴上，得到点 x_i，$i \in R$。同时，对轨迹做不同角度的旋转，对每次旋转后落入 x 轴单位区间的点的数量进行统计，得到点数分布$\left\{a_1, a_2, \cdots, a_n\right\}$，$n \in N$，具体分布情况可以通过直方图展示。

投影点分布情况如图 3-21 所示，图 3-21(a)为竖直状态下的投影点分布情况，投影点分布非常密集，图 3-21(b)为非竖直状态下的投影点分布情况，投影点分布相对分散。可以看出，投影点最密集时的轨迹旋转到竖直状态。

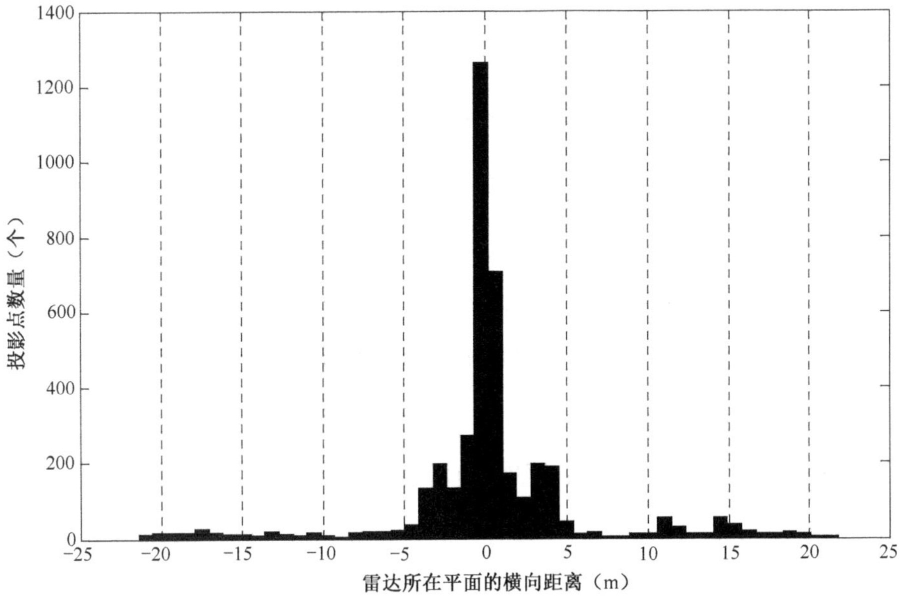

(a) 竖直状态下的投影点分布情况

图 3-21　投影点分布情况

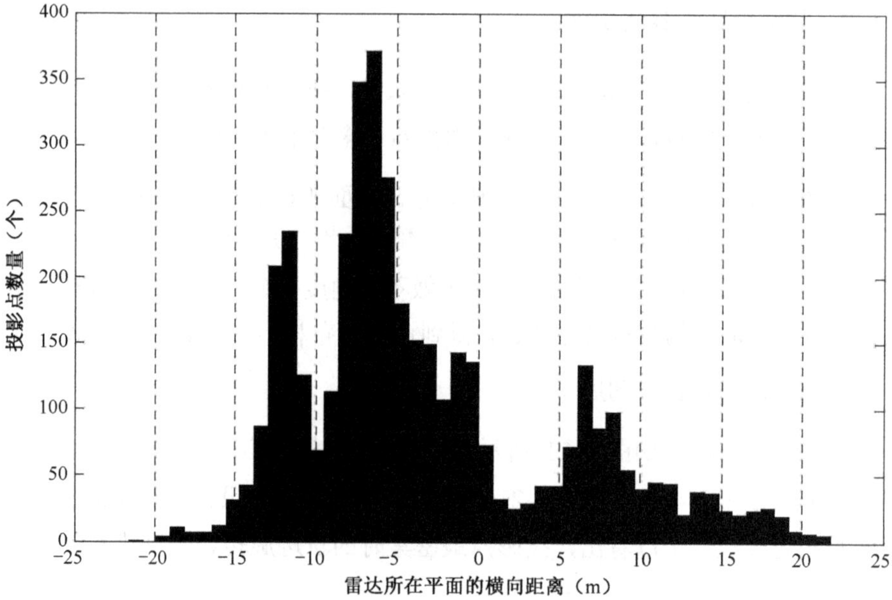

(b) 非竖直状态下的投影点分布情况

图 3-21　投影点分布情况（续）

在某特定时间段内点的数量是固定值，即

$$a_1 + a_2 + \cdots + a_n = \mathrm{C} \tag{3-23}$$

式中，C 为常数。要得到不同旋转角度下投影点的聚集程度，就要在式（3-23）的前提下，求解下列目标函数的极大值

$$f(a_1, a_2, \cdots, a_n) = a_1^2 + a_2^2 + \cdots + a_n^2 \tag{3-24}$$

显然，这是一个有约束条件的极值问题，可以利用拉格朗日乘数法求解。构建拉格朗日函数

$$L(a_1, a_2, \cdots, a_n, \lambda) = f(a_1, a_2, \cdots, a_n) + \lambda\varphi(a_1, a_2, \cdots, a_n) \tag{3-25}$$

式中，λ 为拉格朗日乘子，约束条件为

$$\varphi(a_1, a_2, \cdots, a_n) = a_1 + a_2 + \cdots + a_n - \mathrm{C} = 0 \tag{3-26}$$

可以得到由拉格朗日函数偏导数构成的方程组

$$\begin{cases} L_{a_1}=f_{a_1}+\lambda\varphi_{a_1}=0 \\ L_{a_2}=f_{a_2}+\lambda\varphi_{a_2}=0 \\ \quad\vdots \\ L_{a_n}=f_{a_n}+\lambda\varphi_{a_n}=0 \\ L_{\lambda}=\varphi(a_1,a_2,\cdots,a_n)=0 \end{cases} \tag{3-27}$$

求解式（3-27），可以得到稳定的极大值点，此处省略冗长的计算过程。

算法实现过程如下。

（1）使用多目标雷达采集某段时间内的交通数据，得到轨迹图。

（2）对轨道做不同角度的旋转，并在 x 轴上投影，对每次旋转后落入 x 轴单位区间的点的数量进行统计。

（3）计算落入这些区间的点数的平方和。

（4）比较不同旋转角度下的点数的平方和，平方和的极大值所对应的状态为车辆轨迹的竖直状态，其对应的旋转角度为雷达摆角。

3．坐标转换

最初的目标信息是在极坐标系中获取的，但极坐标系不适用于雷达后期数据处理中的滤波、跟踪等算法。因此，需要通过坐标转换技术来更新雷达的速度、距离、角度等信息，并将其归到同一坐标系中进行处理。

目标所在的极坐标系如图 3-22 所示。对于一个目标，可以给出下列信息：

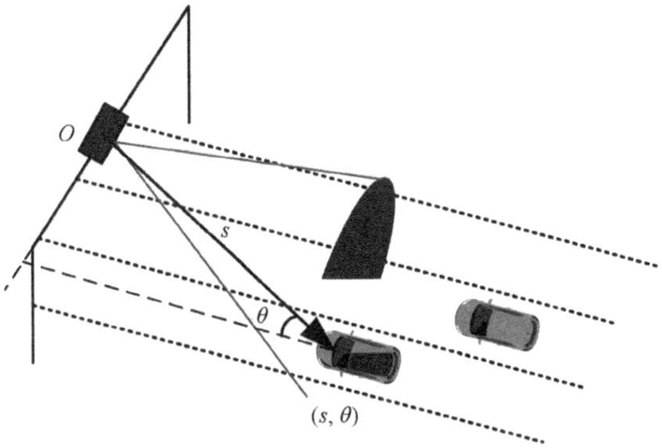

图 3-22　目标所在的极坐标系

v 为目标相对雷达运动的径向速度，s 为目标与雷达之间的径向距离，θ 为目标与雷达照射方向的夹角。

实际上，在大多数情况下，车辆沿车道做直线运动。如果需要分车道判断目标信息，则使用直角坐标系最有效。

以雷达所在位置为坐标原点，以雷达照射方向（波束中心方向）的投影为 y 轴，建立直角坐标系，目标所在的直角坐标系如图 3-23 所示，直角坐标与极坐标的转换关系为

$$\begin{cases} x = s\sin\theta \\ y = s\cos\theta \end{cases} \tag{3-28}$$

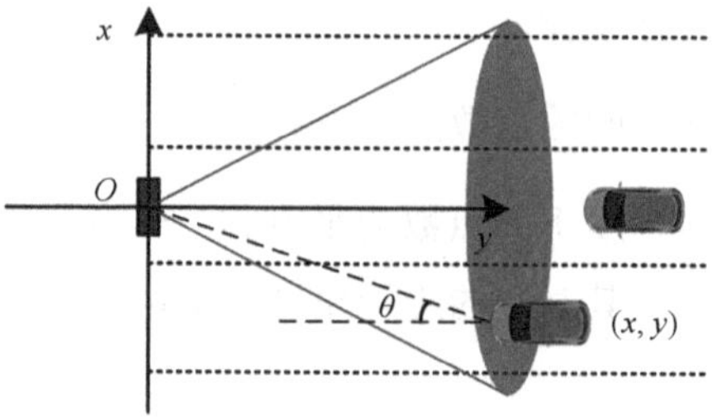

图 3-23　目标所在的直角坐标系

在实际应用中，雷达照射方向的投影与车道方向往往存在夹角，雷达也可能偏离车道中心，因此需要考虑更一般的情形。偏移的直角坐标系如图 3-24 所示。

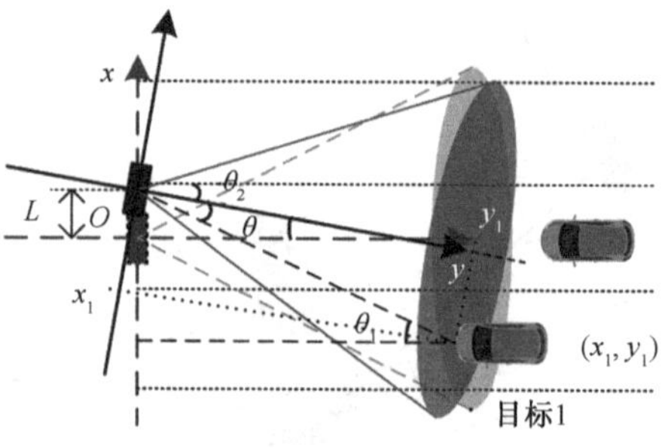

图 3-24　偏移的直角坐标系

为了便于理解，将以车道方向为 y 轴的理想直角坐标系称为车道直角坐标系，将实际坐标系称为雷达直角坐标系。

假设雷达的实际安装位置相对于车道直角坐标系的原点 O 有一个距离为 L 的偏移，雷达照射方向与车道方向的夹角为 θ_2，即雷达摆角。

此时，通过雷达相位差计算，可以直接得到目标 1 与雷达直角坐标系 y 轴的夹角 θ 。对于车道直角坐标系来说，$\theta_1=\theta+\theta_2$ 。假设雷达摆角可以通过测量得到，目标 1 与雷达的距离为 s，则有

$$\begin{cases}x=s\sin\theta_1-L=s\sin(\theta+\theta_2)-L\\y=s\cos\theta_1=s\cos(\theta+\theta_2)\end{cases}\tag{3-29}$$

在雷达直角坐标系中，目标 1 的坐标为 (x_1,y_1)，则车道直角坐标系中的 (x,y) 与雷达直角坐标系中的 (x_1,y_1) 的坐标转换关系为

$$\begin{cases}x=x_1\sin\theta_2-y_1\sin\theta_2-L\\y=y_1\sin\theta_2-x_1\sin\theta_2\end{cases}\tag{3-30}$$

由于后期对雷达数据的处理都是在车道直角坐标系中进行的，对实际安装的雷达所测量的 (v,s,θ) 信息进行坐标转换后，得到 (v',s',θ') 信息为

$$\begin{cases}v'=v\cos\left(\theta+\theta_2\right)\\s'=s\cos\left(\theta+\theta_2\right)\\\tan\theta'=\dfrac{s\cos\left(\theta+\theta_2\right)}{s\sin\left(\theta+\theta_2\right)-L}\end{cases}\tag{3-31}$$

4．仿真和分析

对上述算法进行仿真，得到轨迹修正效果对比如图 3-25 所示。

可以看到，有一定倾斜角度的车辆运动轨迹经修正变为竖直状态。统计平方和变化图如图 3-26 所示，其最大值出现在投影点最密集处，即车辆轨迹的竖直状态，此时的旋转角度为 5.25°，即雷达摆角。

可以发现，计算结果与实际结果基本符合，通过实际路测得到，使用该摆角抓拍能够获得很好的抓拍效果。

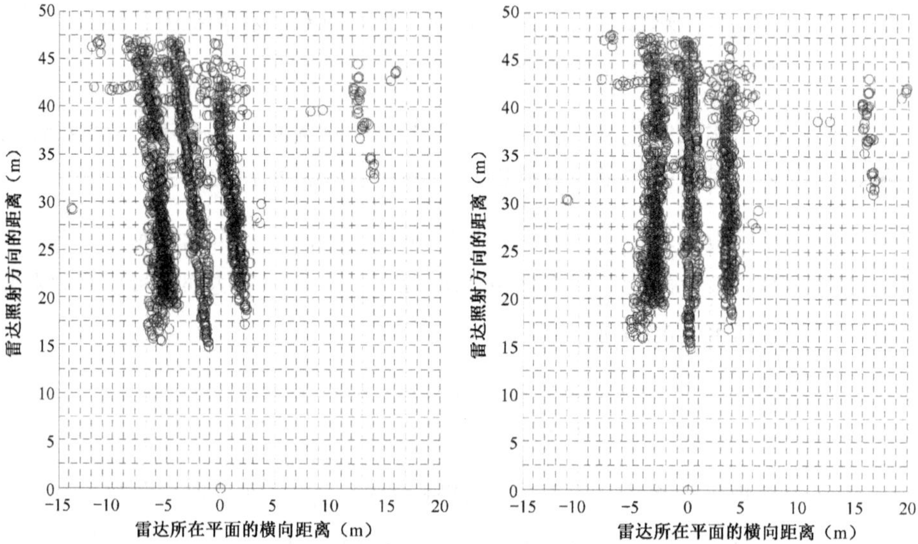

(a) 原车道轨迹图

(b) 修正后的车道轨迹图

图 3-25　轨迹修正效果对比

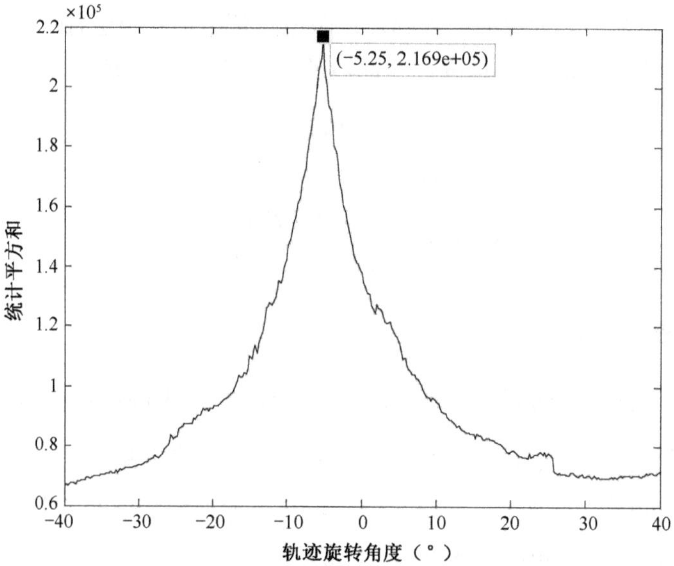

图 3-26　统计平方和变化图

3.3　本章小结

本章介绍了两种去噪算法，这两种算法都不受信号频率的影响，具有自适应能力。自相关检测法的计算量小，工作原理简单且去噪效果好，能够得到与正弦信号频率相同的信号，因此十分适用于 FSK 体制雷达（只需要得到有效信号的频率信息）。基于自相关函数的经验模态分解方法，利用噪声和有效信号的自相关函数的能量特性，可以准确区分有用信号主导的 IMF 分量与噪声主导的 IMF 分量，将有用信号的 IMF 分量重新组合，可以有效滤除原始信号中的噪声。

本章还介绍了火车测速雷达的同向、异向天线结构及测速原理，并比较了两种结构的测速性能。双天线火车雷达测速算法仅在单天线多普勒测速雷达的基础上添加了一个低成本天线，通过利用双天线与地面的相对夹角进行检测与计算，不仅修正了角度偏差引起的测速误差，还保障了雷达测速系统的稳定性和可靠性。

针对交通测速雷达在实际应用中出现的摆角误差问题，本章在大量数据特征分析的基础上进行特征提取，提出了基于样本统计特性的雷达摆角自修正算法，优化了摆角误差引起的抓拍率低的问题。

第4章 微波测速雷达的目标识别与跟踪

前面对交通雷达的介绍中指出，当前的交通雷达只能测速，有效抓拍率低，并给出了 CW-FMCW 复合体制的思路。本章针对实际应用中系统噪声及测量方式引起的速度衰减、距离波动等问题，通过 Kalman 滤波，利用目标的动态信息去噪，对速度进行补偿，对距离进行修正。另外，由于雷达算法最终要在数字信号处理模块上实现，针对 CW-FMCW 复合体制的思路，重新规划原有的单体制测速算法，对 CW-FMCW 复合体制中两种体制的算法进行分时复用，并对速度融合过程中的取舍规则进行了简单描述，通过完整的雷达系统测试，验证了改进算法的可行性与有效性。

4.1　单目标雷达算法优化

4.1.1　基于 Kalman 滤波的测速测距算法优化

对于雷达来说，目标的距离和速度信息最为关键，但雷达测得的距离和速度信息含有噪声。在实际应用中，车辆与雷达的相对位置如图 4-1 所示。

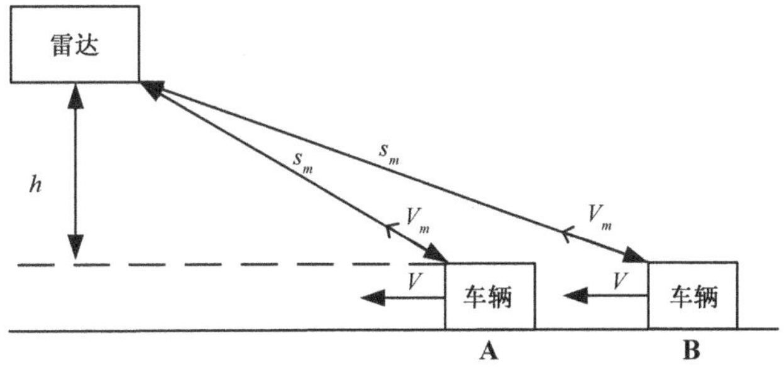

图 4-1　车辆与雷达的相对位置

在图 4-1 中，s_m 为雷达测得的车辆与雷达的距离，V_m 为雷达测得的车辆的运动速度，V 为车辆的实际运动速度，h 为雷达与车辆的垂直距离。V_m 与 V 的关系为

$$V_m = V\sqrt{1-\frac{h^2}{s_m^2}} \tag{4-1}$$

雷达中断周期t_0为 13.12ms，车辆通过雷达照射范围的时间很短，因此，可以认为在测速期间V保持不变，由式（4-1）可知，V_m逐渐减小。

考虑雷达得到的前一时刻的速度状态值和当前时刻的速度测量值，结合速度、距离的时间相关性滤除噪声，对速度进行补偿并对距离进行修正，以获得更准确的距离和速度信息。

构建数学模型，设速度为v，目标在k时刻的位置为$s(k)$，那么经过采样时间t，目标的位置变为

$$s(k+1) = s(k) + vt \tag{4-2}$$

初始化参量，得到目标的状态方程和观测方程

$$\begin{cases} \boldsymbol{X}(k+1) = \boldsymbol{AX}(k) + \boldsymbol{W}(k) \\ \boldsymbol{Y}(k) = \boldsymbol{HX}(k) + \boldsymbol{U}(k) \end{cases} \tag{4-3}$$

式中，$\boldsymbol{X}(k) = \left[s(k)v(k)\right]^{\mathrm{T}}$表示速度和距离的初始值；$\boldsymbol{A}$为状态转移矩阵；$\boldsymbol{H}$为观测矩阵；$\boldsymbol{P}(k)$为$\boldsymbol{X}(k)$的协方差矩阵；$\boldsymbol{W}(k)$和$\boldsymbol{U}(k)$分别为输入的白噪声和观测噪声，其协方差矩阵分别为$\boldsymbol{Q}$和$\boldsymbol{R}$。

因为V_m逐渐减小，所以下面对经典的 Kalman 滤波算法进行改进。定义补偿系数$\eta(k)$，初始值$\eta_0 = 1$，补偿系数的更新方程如式（4-4）所示。可知状态转移矩阵$\boldsymbol{A}$和观测矩阵$\boldsymbol{H}$都是变化的，都包含补偿系数$\eta(k)$，相当于将速度和距离进行关联并滤波。

$$\eta(k+1) = \frac{1}{\sqrt{1-\dfrac{h^2}{s(k+1)^2}}} \approx 1 + 0.5\left[\frac{h}{s(k+1)}\right]^2 \tag{4-4}$$

由式（4-4）可知，补偿系数与滤波器的状态$s(k)$相关。相应的状态转移矩阵和观测矩阵可表示为

$$
\begin{cases}
\boldsymbol{A}=\begin{bmatrix} 1 & -\dfrac{t_0}{\eta(k)} \\ 0 & 1 \end{bmatrix} \\
\boldsymbol{H}=\begin{bmatrix} 1 & 0 \\ 0 & \dfrac{1}{\eta(k)} \end{bmatrix}
\end{cases}
\tag{4-5}
$$

根据实际经验设置不同的卡尔曼滤波迭代初值，通过比较滤波结果发现，当迭代初值如式（4-6）所示时，得到的滤波补偿效果最好。

$$
\begin{cases}
\boldsymbol{P}(k)=\begin{bmatrix} 0.5^2 & 0 \\ 0 & 0.3^2 \end{bmatrix} \\
\boldsymbol{Q}=\begin{bmatrix} 0.02^2 & 0 \\ 0 & 0.01^2 \end{bmatrix} \\
\boldsymbol{R}=\begin{bmatrix} 0.1^2 & 0 \\ 0 & 0.22^2 \end{bmatrix}
\end{cases}
\tag{4-6}
$$

在该算法中，$s(k)$ 和 v 的物理意义分别与 s_m 和 V 的物理意义相同，滤波器的输出结果 v 就是车的行驶速度 V。Kalman 滤波器不断进行预测和修正，对方差进行递归，更新补偿系数，从而得到更准确的距离和速度信息。

4.1.2　基于 CW-FMCW 复合体制的 DSP 算法改进

测试用高精度雷达工作的中心频率为 24.15GHz，数字信号处理采用 TI 公司的 TMS320C6713B 处理器，其每周期可执行 8 个 32 位指令，能有效满足雷达信号处理的实时性要求。

为了充分利用复合体制的优势，除了需要对硬件电路进行调整，还要考虑 DSP 算法。根据 CW-FMCW 复合体制中三角波分量与直流分量包含的信息，重新规划算法：由于交通领域对测速精度的要求较高，速度的测量用 CW 体制实现；因为需要对目标进行高精度定位跟踪，所以距离的测量用 FMCW 体制实现；应按照一定的规则用 CW 体制下的速度代替 FMCW 体制下的速度，并通过 Kalman 滤波对速度和距离信息进行补偿修正。

根据上述分析，在原有单体制测速算法的基础上，对 CW-FMCW 复合体制中两种体制的算法进行分时复用。重新规划的复合体制算法流程如图 4-2 所示。

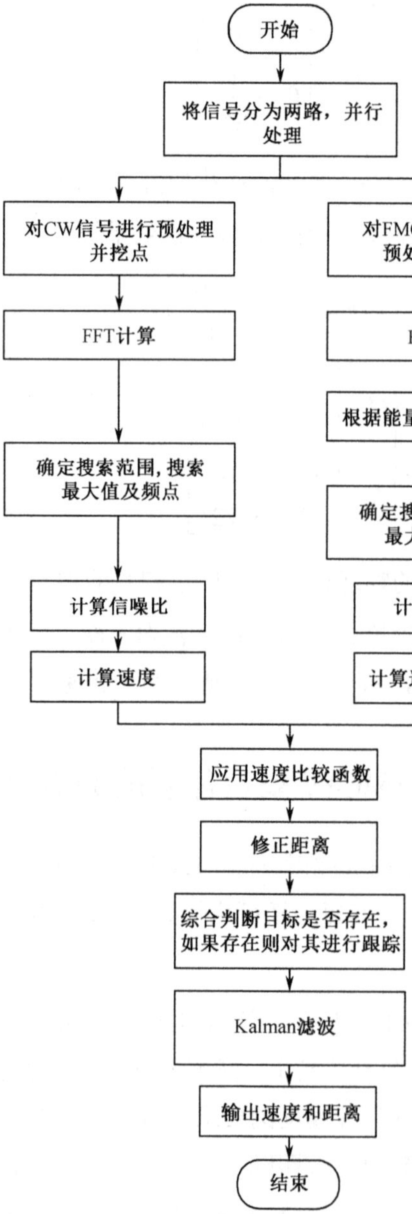

图 4-2　重新规划的复合体制算法流程

除了对两种体制的信号进行并行处理，重新规划的复合体质算法还应用了速度比较函数，以在速度融合过程中进行取舍，其取舍规则如下。

（1）如果三角波没有速度，则即使 CW 信号有速度，也要清零。这样可以很好地避免当前后车距离短、速度接近的情况下无法分辨目标，并将其作为一个目标来跟踪的情况。

（2）如果三角波有速度，CW 信号没有速度，则雷达会输出距离值，但速度要清零。因为有可能是雷达照射到静止目标，导致三角波判断出虚假目标。

（3）如果当三角波的速度大于 50km/h 时，CW 信号的速度与其相差超过 30km/h，则两者之中必有一个会产生波动，将这种情况判定为不正常并进行标记。

（4）在其他情况下采用三角波修正的速度。

根据上述规则得到速度后，通过 Kalman 滤波进行速度补偿，并修正距离波动，使测速、测距互不干扰。

4.1.3　仿真和分析

通过路测采集数据，验证算法的可行性。测试雷达的中断周期约为 13ms，每个中断周期采集 1024 个点。时域信号和频域信号如图 4-3 所示。

1．Kalman 滤波前后的速度和距离对比

Kalman 滤波速度补偿效果如图 4-4 所示，Kalman 滤波距离修正效果如图 4-5 所示。

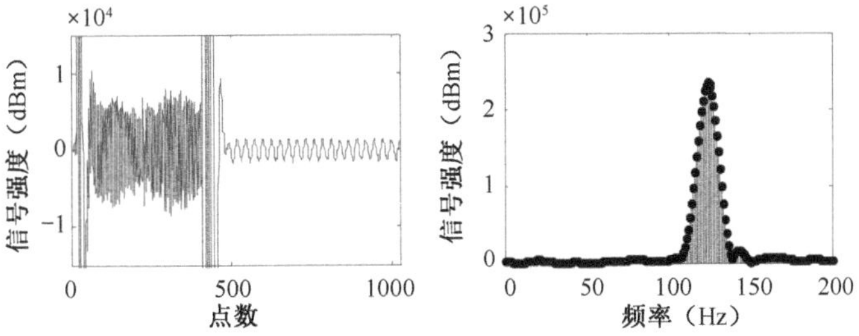

(a) 某周期时域信号图　　(b) 三角波下降沿频谱

图 4-3　时域信号和频域信号

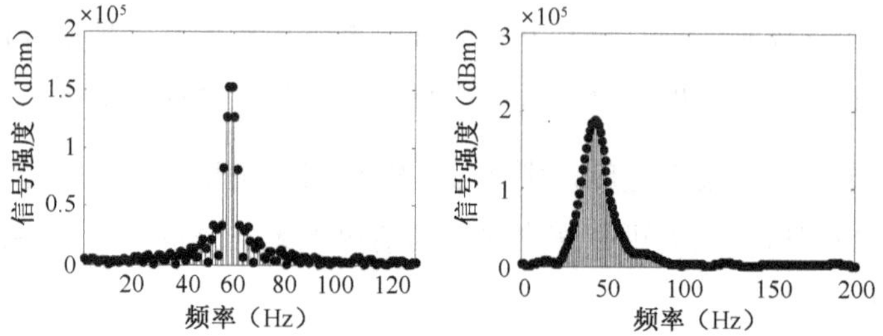

(c) 多普勒信号　　(d) 三角波上升沿频谱

图 4-3　时域信号和频域信号（续）

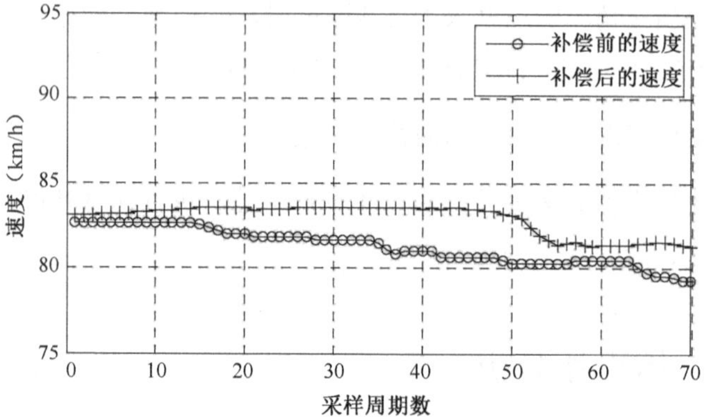

图 4-4　Kalman 滤波速度补偿效果

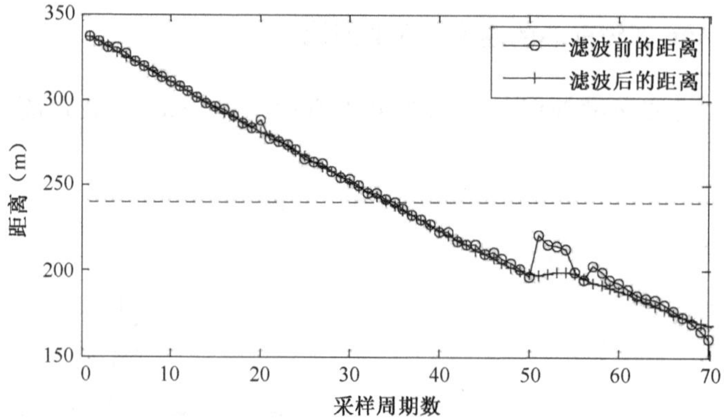

图 4-5　Kalman 滤波距离修正效果

由图 4-4 可知，补偿后的速度的波动范围为 0～2.25km/h，该范围小于补偿前的波动范围（0～3.41km/h）。补偿后的目标基本保持匀速运动，但在第 50 周期后速度突然下降，可以在图 4-5 中找到原因，在该周期附近距离波动较大，导致其递归方差变大，从而对速度的补偿产生影响。

Kalman 滤波能很好地补偿速度，并在一定程度上滤除距离的随机噪声，使目标的测量跟踪结果达到最优。

2. 复合体制测得的速度与单体制测得的速度对比

现场路测数据仿真结果如图 4-6 所示。

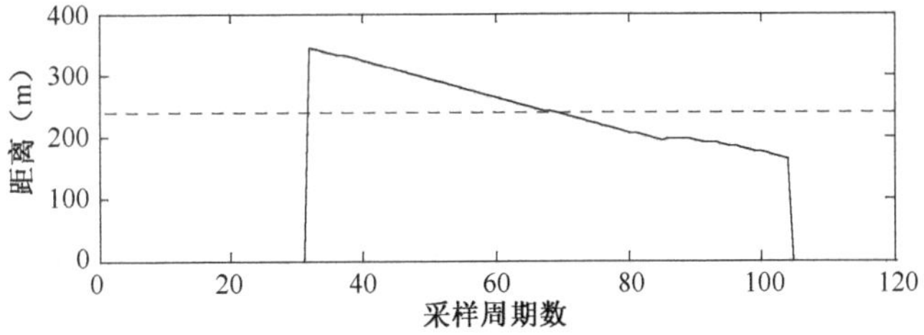

(a) 仿真结果 1——距离

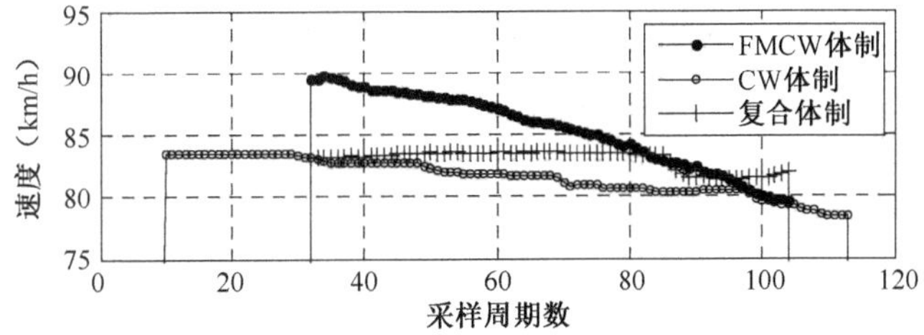

(b) 仿真结果 1——速度

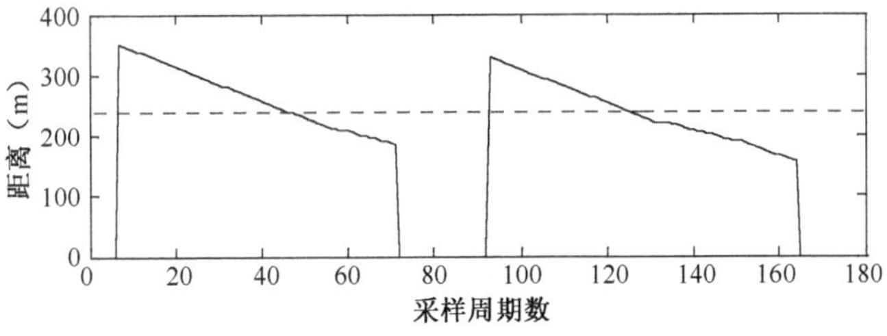

(c) 仿真结果 2——距离

图 4-6　现场路测数据仿真结果

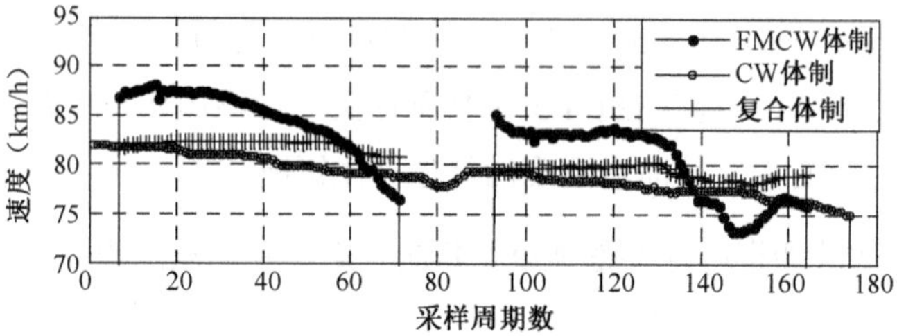

(d) 仿真结果 2——速度

图 4-6　现场路测数据仿真结果（续）

图 4-6(a)和图 4-6(c)表示距离随时间的变化，一个包络表示一辆车，由 FMCW 体制测得，并由复合体制修正；图 4-6(b)和图 4-6(d)表示在 3 种体制下测得的同一辆车的速度。可以看出，在 FMCW 体制下，测得的速度衰减严重，误差很大；在 CW 体制与复合体制下，测得的速度较为一致，但也有少量衰减。

从图 4-6(d)中可以看出，在 CW 体制下，两辆车的速度曲线相连，无法分辨车辆情况；而 FMCW 体制及复合体制均判断出两辆车。这是由于 CW 体制对运动目标较为敏感，跟车时间较长，在车辆密集且速度接近时，不易分辨目标。

综合来看，在复合体制下测得的速度最稳定，由于 Kalman 滤波具有补偿修正作用，其结果更接近目标的真实轨迹。

3．有效抓拍率

将现场采集视频与抓拍图像进行对比，得到复合体质测速雷达的有效抓拍率如表 4-1 所示。

表 4-1　复合体制雷达的有效抓拍率

	第 1 组	第 2 组	第 3 组	第 4 组
实际过车数（辆）	258	318	334	289
抓拍数（辆）	261	320	334	295
单车漏拍数（辆）	1	0	0	2
连车漏拍数（辆）	1	3	2	0
多拍数（辆）	5	5	2	8
有效抓拍数（辆）	256	315	332	287
有效抓拍率（%）	99.22	99.06	99.40	99.31

从表 4-1 中可以看出，复合体制雷达的有效抓拍率超过 99%，目前市场上常用的 CW 体制雷达的有效抓拍率仅能达到 90%，因此复合体制雷达具有广阔的应用前景。

4．抓拍效果

CW 体制雷达无法测得车辆的距离信息，仅根据目标回波信号的强度是否达到门限值来判断是否触发抓拍。这种方式导致出现冲车、远距欠拍现象。CW 体制雷达的抓拍效果如图 4-7 所示。图 4-7(a)为正常距离抓拍；图 4-7(b)为冲车，无法获得车牌的有效信息；图 4-7(c)为远距欠拍，无法获得车辆的有效信息，导致废片。

(a)　　(b)　　(c)

图 4-7　CW 体制雷达的抓拍效果

复合体制雷达测距准确，可以设置为在固定距离处触发抓拍，抓拍效果良好，复合体制雷达的抓拍效果如图 4-8 所示。

图 4-8　复合体制雷达的抓拍效果

从图 4-8 中可以看出，基本在同一位置触发抓拍，能得到车牌、车型、司机等有效信息，抓拍效果较好，基本不受车型、位置、速度的影响。

4.2 FSK 体制雷达测速算法实现

4.2.1 FSK 体制雷达测速原理

FSK 体制雷达基于传统多普勒雷达进行了升级，基本工作原理仍然为多普勒频移，但雷达发射信号不是频率固定的连续波，而是调频方波，雷达发射的电磁波有两种频率，其信号存在时间差，电磁波遇到目标后被反射回来并由天线接收，雷达利用两种具有不同频率的信号之间的相位差来确定目标的距离。

1. FSK 体制雷达的单目标识别

调制方波频率与时间的关系如图 4-9 所示。

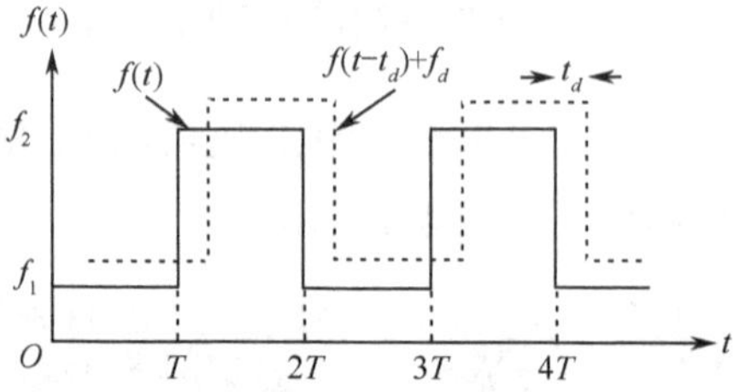

图 4-9　调制方波频率与时间的关系

FSK 体制雷达调制信号的电压波形是具有相同周期和占空比的方波，测速时，雷达发射方波（低电平 V_1 时的频率为 f_1、高电平 V_2 时的频率为 f_2），发射信号可表示为

$$s(t)=\begin{cases}A\cos(2\pi f_1 t+\phi)\\A\cos(2\pi f_2 t+\phi)\end{cases} \tag{4-7}$$

当雷达前方有目标时，回波信号为

$$s_r(t)=Ks(t-t_r)=KA\cos[\omega_0(t-t_r)+\phi] \tag{4-8}$$

$$s(t)=\begin{cases}KA\cos[2\pi f_1(t-t_r)+\phi]\\KA\cos[2\pi f_2(t-t_r)+\phi]\end{cases} \tag{4-9}$$

信号延迟时间 t_r 很短，忽略不计。由式（4-6）可知，两种具有不同频率的信号所对应的多普勒频移为

$$f_{d1}=\frac{1}{2\pi}\frac{\mathrm{d}\phi_1}{\mathrm{d}t}=\frac{1}{2\pi}\times(2\pi\frac{2}{\lambda_1}\upsilon_r)=\frac{2}{\lambda_1}\upsilon_r \tag{4-10}$$

$$f_{d2}=\frac{1}{2\pi}\frac{\mathrm{d}\phi_2}{\mathrm{d}t}=\frac{1}{2\pi}\times(2\pi\frac{2}{\lambda_2}\upsilon_r)=\frac{2}{\lambda_2}\upsilon_r \tag{4-11}$$

已知雷达载频信号的频率 f_1 和 f_2，可以计算得到 λ_1 和 λ_2，只要计算得到多普勒频移 f_{d1} 和 f_{d2}，就可以得到目标的速度。

每个运动目标的中频信号都可以解调出两个相位不同、频率接近的信号，可以通过分析这两个信号的相位来得到目标的距离，两个信号的相位差为

$$\Delta\phi=\phi_1-\phi_2=-\frac{4\pi R(f_1-f_2)}{c}=-\frac{4\pi D\Delta f}{c} \tag{4-12}$$

雷达到运动目标的距离为

$$D=-\frac{c\Delta\phi}{4\pi\Delta f},\quad \Delta\phi\in[0,2\pi) \tag{4-13}$$

雷达照射区内的单目标车辆如图 4-10 所示，FSK 体质雷达安装在龙门架上，当目标驶入雷达照射区时，雷达天线接收回波信号，进行去噪、频谱处理后，得到目标的速度和距离。

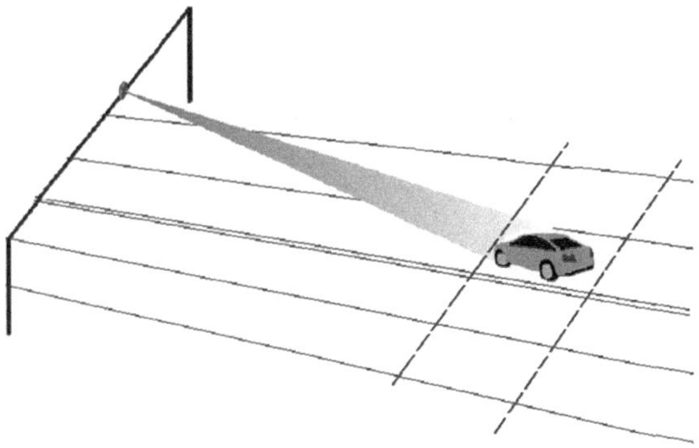

图 4-10　雷达照射区内的单目标车辆

2. FSK 体制雷达的多目标识别

多目标与单目标识别有很大区别，其硬件不同，单目标和双目标识别基于单天线微波雷达系统，多目标识别基于双天线微波雷达系统。通过双天线微波雷达系统，可以测得目标的三维信息，包括速度、距离和角度。

多目标识别的原理与单目标和双目标识别的原理相同。多目标识别的测角原理如图 4-11 所示。

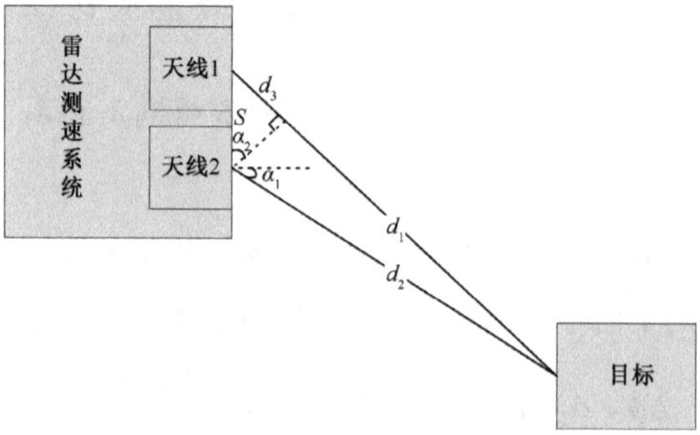

图 4-11　多目标识别的测角原理

在同一时刻，天线 1 与天线 2 发射的电磁波频率相同，天线 1 与目标的距离为d_1，天线 2 与目标的距离为d_2，S 为两天线间距，则有

$$d_3 = d_1 - d_2 \tag{4-14}$$

因为天线 1 与天线 2 的间距$S << d_1$且$S << d_2$，所以天线 1 与天线 2 发射的电磁波之间的夹角近似为 0，则有

$$\alpha_1 \approx \alpha_2 \tag{4-15}$$

$$d_3 = S\sin\alpha_2 \approx S\sin\alpha_1 \tag{4-16}$$

天线 1 回波信号的相位为

$$\phi_1 = \frac{2d_1}{\lambda}2\pi \tag{4-17}$$

天线 2 回波信号的相位为

$$\phi_2 = \frac{2d_2}{\lambda}2\pi \tag{4-18}$$

由式（4-14）可得

$$d_3 = d_1 - d_2 = \frac{(\phi_1 - \phi_2)\lambda}{4\pi} = S\sin\alpha_2 \approx S\sin\alpha_1 \tag{4-19}$$

由 $\lambda = \dfrac{c}{f}$ 可得

$$d_3 = S\sin\alpha_2 \approx S\sin\alpha_1 = \frac{(\phi_1 - \phi_2)c}{4\pi f} \tag{4-20}$$

式中，f 为电磁波的频率，c 为电磁波在空气中的传播速度。

通过式（4-20）可以计算得到目标相对于雷达测速系统的横向角度，根据雷达测速系统的安装高度及其相对于各车道的横向位置，可以确定目标的速度、距离和角度。

4.2.2　FSK 体制雷达目标识别算法实现与仿真

1．FSK 体制雷达单目标识别算法实现与仿真

有目标和没有目标时的时域信号和频域信号分别如图 4-12 和图 4-13 所示。

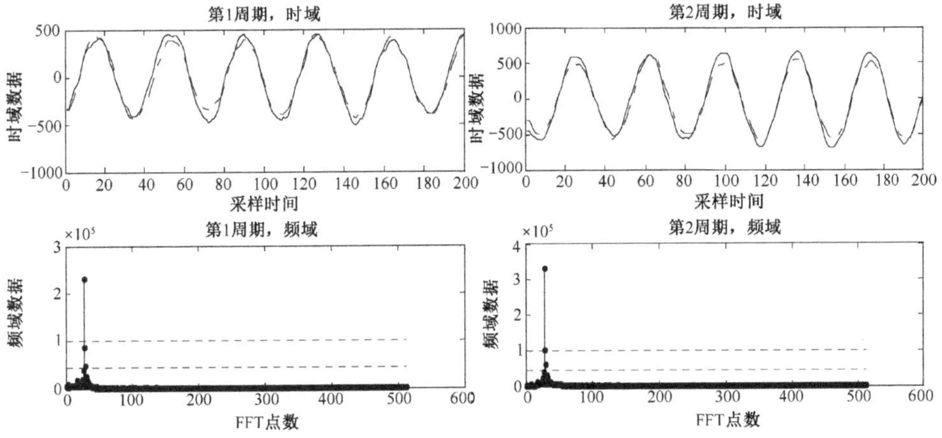

(a) 频率为 f_1　　(b) 频率为 f_2

图 4-12　有目标时的时域信号和频域信号

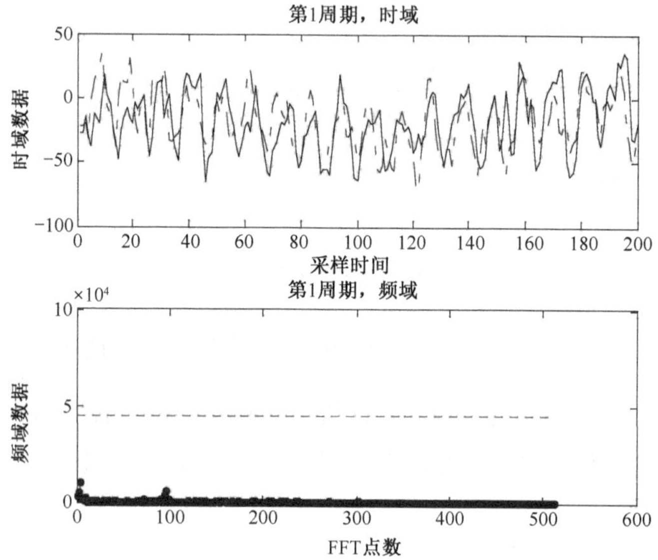

图 4-13　没有目标时的时域信号和频域信号

在图 4-12 中，频域信号最大值对应目标的有效信号，其频率为目标的多普勒频移，可见 FSK 体制雷达测速只需要得到有效信号的频率及相位。可以发现，在图 4-13 中，不存在目标的有效信号，在进行去噪处理后仍有噪声残留，但目标的有效信号的能量远远高于噪声，容易判断是否有目标存在。

所用雷达工作的中心频率为 24.15GHz，采样频率为 40kHz，采样周期为 26.24ms，因此每周期的采样点数为 1024 点。根据实际信号与噪声特性，我们设计了一套目标识别与跟踪算法。

（1）FSK 体制雷达单目标识别算法：根据实际路况设定门限阈值 Q_1 和 Q_2（Q_1 为车来门限，Q_2 为车走门限），以判断当前周期是否有目标及目标是否已驶出雷达照射区。为了提高目标识别的准确性，将信噪比作为判别条件之一。无论是进行目标识别，还是进行目标跟踪，都要先搜索到能量最强的信号，得到多普勒频移并计算目标的运动速度。设定信噪比，当连续多个（本算法设为 2）周期信号能量最强的频点幅值远远高于噪声信号且满足信噪比条件时，认为该信号为车辆目标。

（2）FSK 体制雷达单目标跟踪算法：跟踪算法的作用范围是从识别出目标并对目标进行跟踪到目标驶出雷达照射区。因为目标从进入到驶出雷达照射区的信号强度由弱变强，再由强变弱，所以车走门限 Q_2 低于车来门限 Q_1。信号的频率与运动速度成正比，可以作为跟踪的依据，雷达每 26.24ms 采集一次数据并对其进行处理，在如此短暂的时间内，同一目标的速度值不会发生太大变化。因此，在识别出目标后，对每周期符合门限的最大频点进行判断，判断其是否为现有目标的信号，如果连续多周期信号频率相差较大，则认为该信号不是现有目标，现有目标已驶出雷达照射区，而本周期搜索到的信号可能是其他目标的信号，具体需要根据信噪比进行判断。除此之外，通过信号频点对应的相位可以求出目标的距离（目标与雷达的实际距离），距离也是目标跟踪的判断依据。

FSK 体质雷达单目标跟踪实测数据分析如图 4-14 所示。方向为 0 表示目标静止，为 1 表示目标驶向雷达（来向），为−1 表示目标驶离雷达（去向）。

FSK 体制雷达单目标识别与跟踪流程如图 4-15 所示。

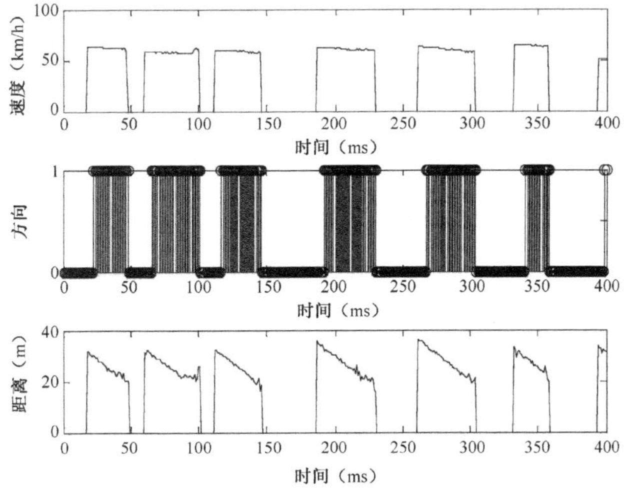

图 4-14　FSK 体制雷达单目标跟踪实测数据分析

传统的普通连续波雷达只能测速，在实际应用中，测速雷达与摄像机共同组成测速雷达抓拍系统，当目标进入雷达照射区时，雷达向摄像机发送触发信号，触发摄像机对目标进行抓拍。由于传统雷达无法监测目标距离，雷达发送触发信号时的目标位置不可控，当目标超速或违反其他交通规则时，会导致抓拍图像无效（如未拍到车牌、司机等），影响交通管理部门对违法车辆相关信息确认。FSK 体制雷达可以较准确地监测目标距离，能够在固定位置发送触发信号，避免无效抓拍。

FSK 单目标雷达与普通连续波雷达抓拍效果对比如图 4-16 所示。从图 4-16 中可以看出，FSK 单目标雷达的抓拍位置比较稳定，而普通连续波雷达的抓拍位置十分不稳定，甚至有一些没有拍到车牌，影响交通管理部门对违反交通规则车辆的有效监控。统计表明，FSK 单目标雷达的有效抓拍率为 98%以上，触发位置的波动范围在 1m 内。

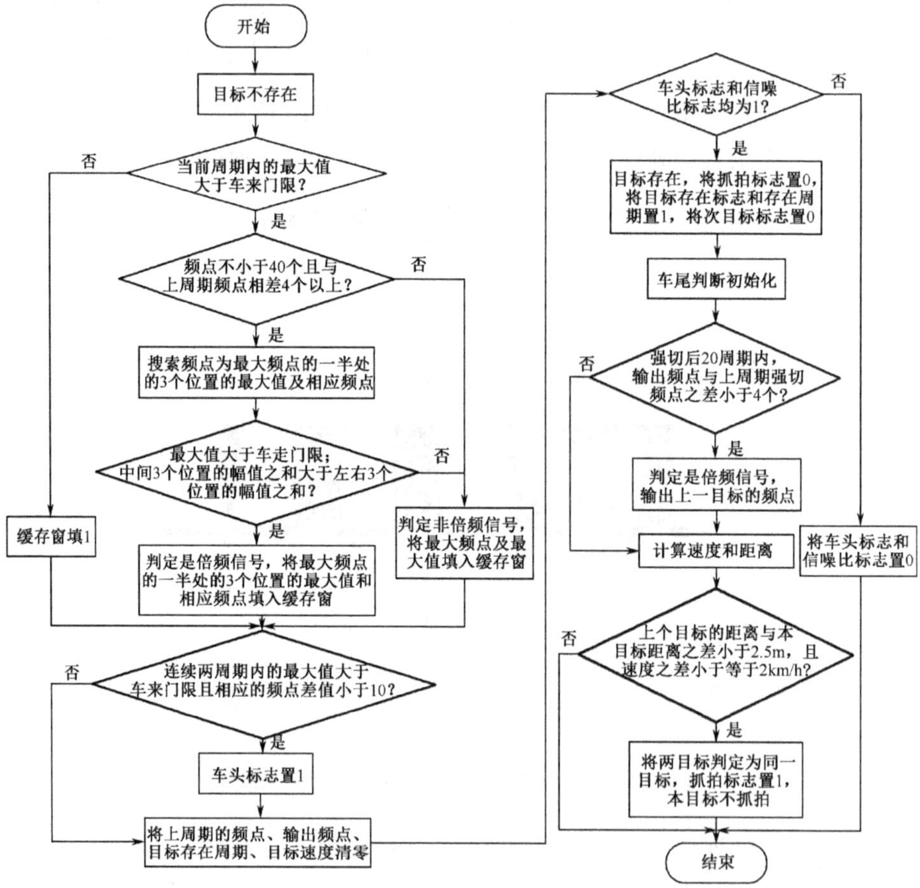

(a) 目标不存在

图 4-15　FSK 体制雷达单目标识别与跟踪流程

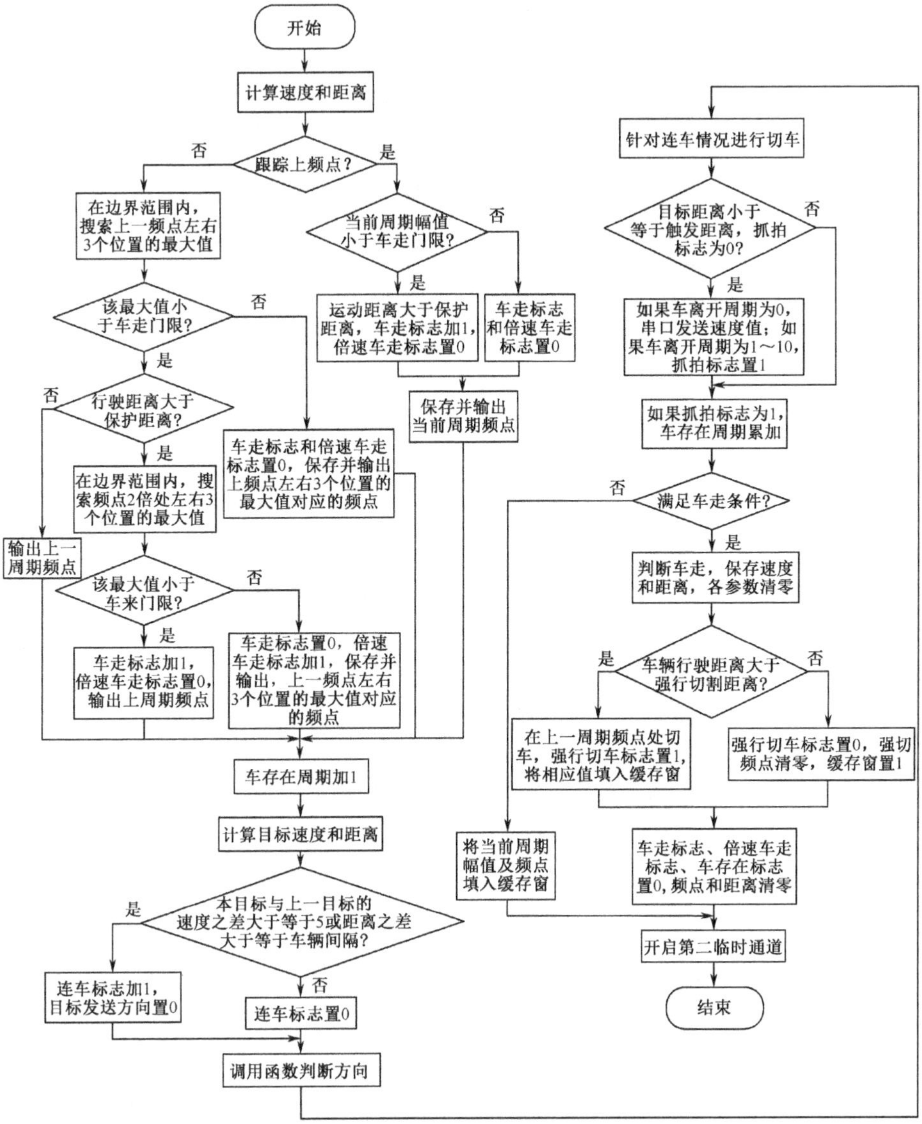

(b) 目标存在

图 4-15　FSK 体制雷达单目标识别与跟踪流程（续）

(a) FSK 单目标雷达抓拍效果

(b) 普通连续波雷达抓拍效果

图 4-16　FSK 单目标雷达与普通连续波雷达抓拍效果对比

2. FSK 体制雷达双目标识别算法实现与仿真

本节基于 FSK 体制雷达单目标测速，在硬件不变的前提下，实现了双目标测速。前提是天线照射范围可以覆盖两个完整车道，同一时间可能有两辆位于不同车道的车驶入雷达照射区，使一台雷达可以同时监测两个目标，降低成本。

双目标的时域信号和频域信号如图 4-17 所示。这里仍使用一个天线接收和发送信号，为了能够同时识别和跟踪两个目标，算法在一个通道的基础上开启另一个通道，两个通道存在主次关系，主通道的跟踪机制与普通雷达的跟踪机制类似，而为了减少并车漏车情况，将次通道跟踪机制中对目标的识别和跟踪条件简化，且次通道在主通道确认目标存在的基础上进行目标识别与跟踪。

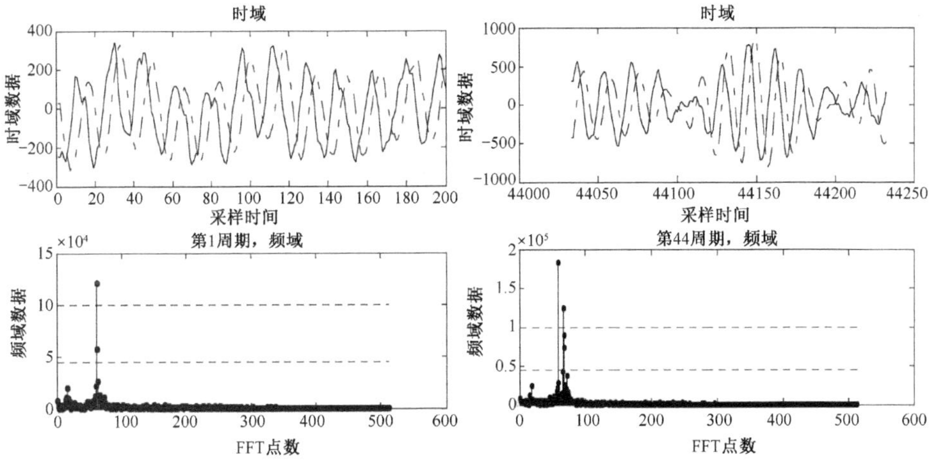

(a) 存在一个目标的时域信号和频域信号　　(b) 同时存在两个目标时的时域信号和频域信号

图 4-17　双目标的时域信号和频域信号

FSK 体制雷达双目标识别与跟踪算法和单目标类似，具体步骤为：①根据角度修正值、测速上下限确定搜索范围，搜索最大值及频点；②计算信噪比；③判断主通道目标车辆是否存在，搜索并跟踪最大值及频点。

在 FSK 体制雷达双目标识别与跟踪算法中，主目标识别与跟踪流程可以参考图 4-15，次目标识别与跟踪流程如图 4-18 所示。

FSK 体制雷达双目标跟踪实测数据分析如图 4-19 所示。

3. FSK 体制雷达多目标识别算法实现与仿真

多目标的时域信号和频域信号如图 4-20 所示。由于多目标识别的复杂度远高于单目标与双目标，需要对多目标识别与跟踪算法做很大改动，在本算法中，雷达均安装在车道上方的正中央。

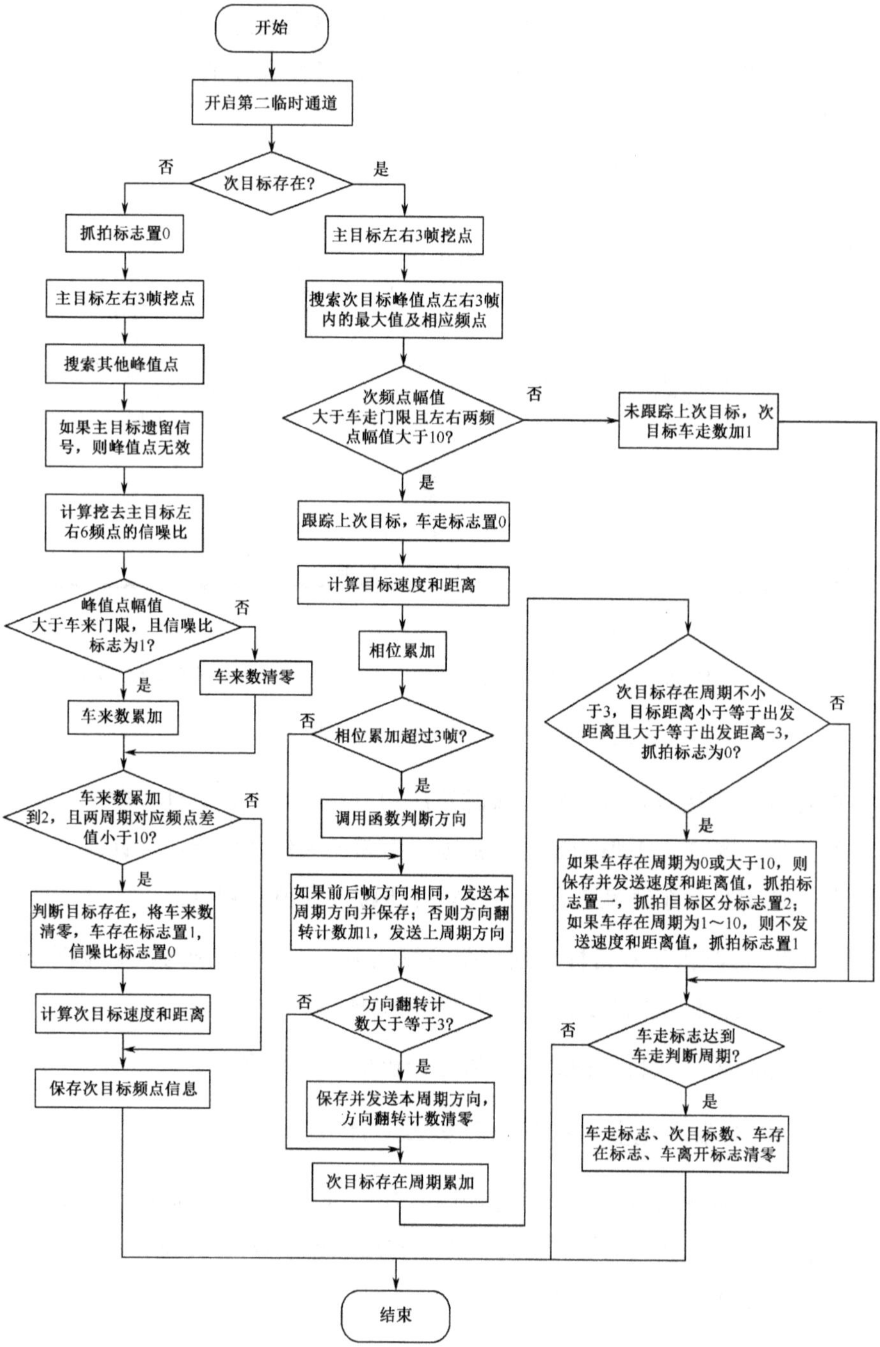

图 4-18　次目标识别与跟踪流程

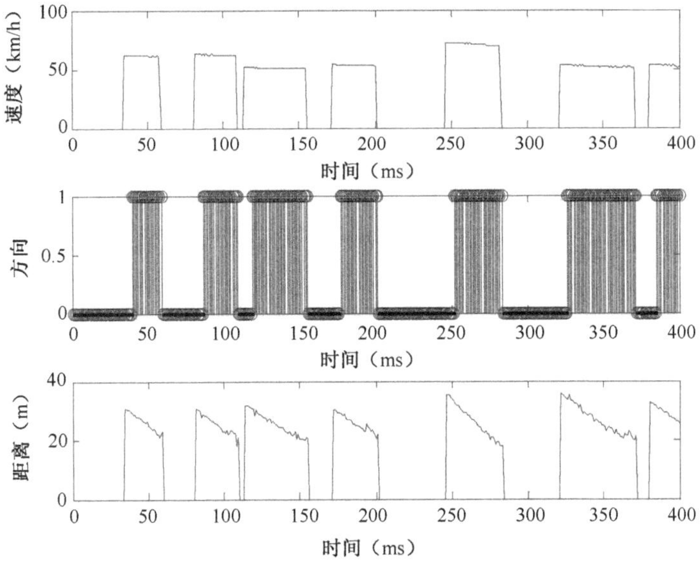

(a) 仅单车道有车

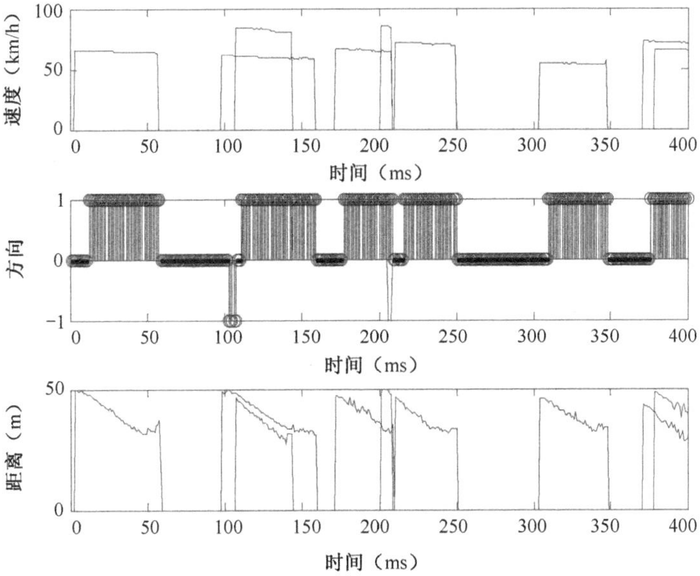

(b) 两个车道都有车

图 4-19　FSK 体制雷达双目标跟踪实测数据分析

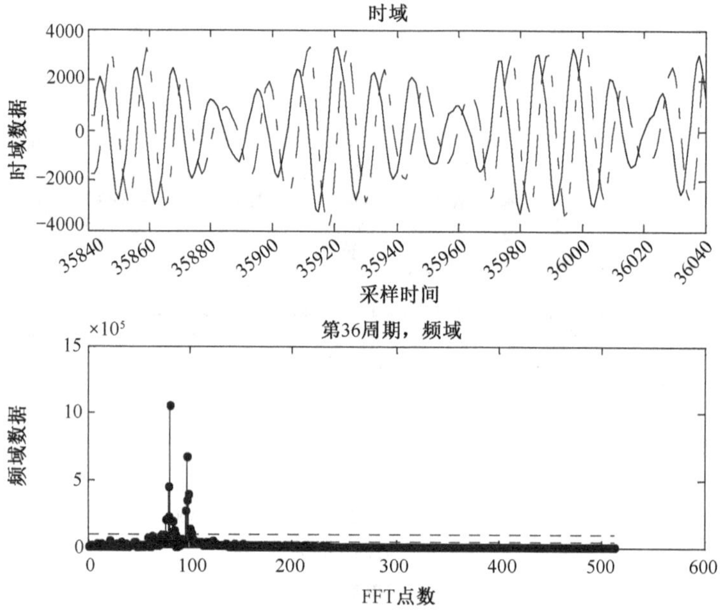

(a) 天线 1 对应的时域信号和频域信号

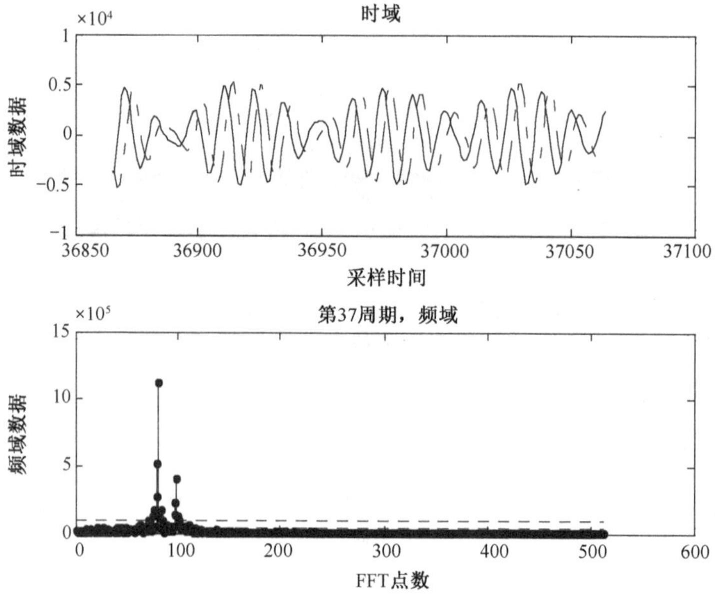

(b) 天线 2 对应的时域信号和频域信号

图 4-20　多目标的时域信号和频域信号

算法的具体步骤如下。

1）搜索峰值点

由于雷达照射区内可能存在多目标，回波信号经快速傅里叶变换后得到的频域信号可能存在多个峰值，峰值点数量与目标数量相等，因此搜最大值频点与次大值频点的算法不再适用。为了确定目标数量，应先确定有效峰值点的数量及其对应的多普勒频移。

2）分车道

准确搜索峰值点是多目标识别的基础，可以根据峰值点对应的多普勒频移，计算各峰值点对应的距离与横向角度，进而求出目标相对雷达的横向距离，根据雷达安装信息划分车道。

3）计算多目标三维信息

根据雷达的工作原理计算目标驶入雷达照射区时的速度、距离、角度，实现目标定位。

上述过程初步确定有目标驶入雷达照射区，为了避免雷达系统多目标误判，在各目标驶出雷达照射区前，需要对其进行实时跟踪。该过程在本质上与单目标和多目标情况类似，主要对速度和距离进行对比，区别在于，在多目标情况下，锁定目标所在车道后，只需要与本车道已有目标进行对比，如果信息相符，则认为两者是同一目标，即跟踪上了上周期在本车道中的目标，如果某车道的目标连续 3 周期未跟踪上，则认为在本车道中的目标已驶出雷达照射区。

4. 工程实现

所提 FSK 体制雷达多目标识别与跟踪系统已配合硬件实现了工程应用。雷达工作的中心频率为 24.15GHz，采样周期为 100kHz，每周期处理频域数据点数为 2048 点。目前，受天线照射角度影响，雷达可以实现 3 个车道的多目标监测。

多目标监测效果如图 4-21 所示，左侧为测试现场的实际运行车辆，右侧为对应的上位机显示效果，小方块与各车道的目标对应，可知雷达实现了多目标定位和监测。

图 4-21　多目标监测效果

4.3　多目标检测跟踪算法的研究与实现

前面验证了 FSK 体制雷达对多目标情况的适用性，本节在 FSK 体制的基础上提出多目标检测跟踪算法，并将单帧检测与多帧跟踪结合，利用运动目标的速度与距离的相关性，进一步提高检测的准确性。

在实际安装测试中经常出现由摆角误差导致雷达整体性能下降的问题，我们在大量采集数据的基础上，分析数据特征并进行特征提取，考虑工程实现，采用基于样本统计特性的雷达摆角自修正算法进行调整，提高目标检测率及场景适用性。

4.3.1　多目标检测跟踪算法

FSK 体制雷达的抗噪声与抗衰减性能较好，得到的频谱较纯净，其通过多普勒频移来分辨多目标，因此，实现多目标检测跟踪需要对频谱进行分析。

本节介绍的多目标检测跟踪算法分为两部分：单帧检测和多帧跟踪。单帧检测主要完成点的剔除和分类工作，剔除不满足条件的点，对点进行分类，并找到落在各车道的有效点；多帧跟踪通过多帧的相关性来确定当前目标是否为虚假目标。从一定意义上来说，单帧检测是基础，多帧跟踪是对单帧检测的补充。

1．单帧检测

单帧检测主要根据当前帧的信息筛选目标。在交通场景中，车辆不是点目标，而是多散射点目标，散射点信息融合是难点，融合不恰当会导致虚警或漏警。在本书介绍的雷达应用场景中，大部分情况下同一车道在横向上不会同时存在两辆车，在一定程度上降低了识别难度。

分车道情况下的频谱和频点如图 4-22 所示。频谱中的目标识别主要有两种方式：一是先找目标后分车道；二是先分车道后找目标。在多车道同时存在目标且速度接近的情况下，采用第一种方式会出现频谱重叠的情况，如图 4-22(a)所示，此时频谱峰值不易分辨且算法实现复杂，可能出现漏车情况；而第二种方式先对目标频谱进行划分，再通过搜索每个车道范围内对应的频点的最大值来检测目标，这样不会丢失目标且在工程上易于实现，计算出来的频点在车道中的分布情况如图 4-22(c)所示。

综上所述，这里采用先分车道后找目标的方式进行单帧检测，单帧检测流程如图 4-23 所示。

2．多帧跟踪

单帧检测能够得到各车道的有效频点，但其不能完全排除信号中的异常杂波。一辆正常行驶的车在通过雷达照射区时，由其原始信号得到的距离和速度等具有一定的规律，目标的运动特征曲线如图 4-24 所示，以来向车检测为例，其具有以下特征。

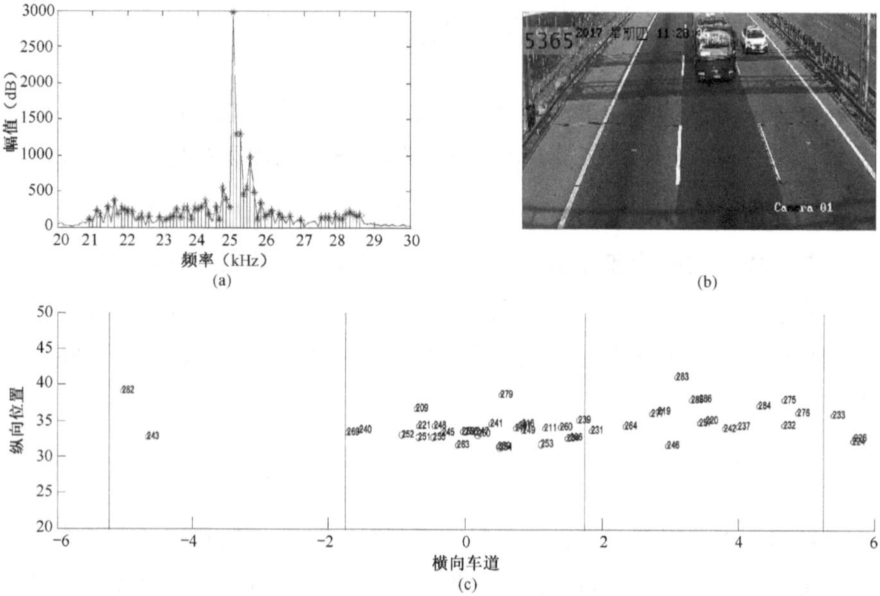

图 4-22　分车道情况下的频谱和频点

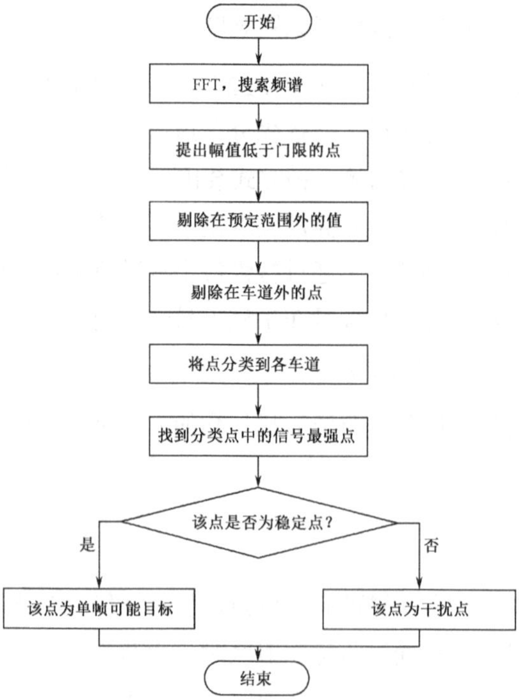

图 4-23　单帧检测流程

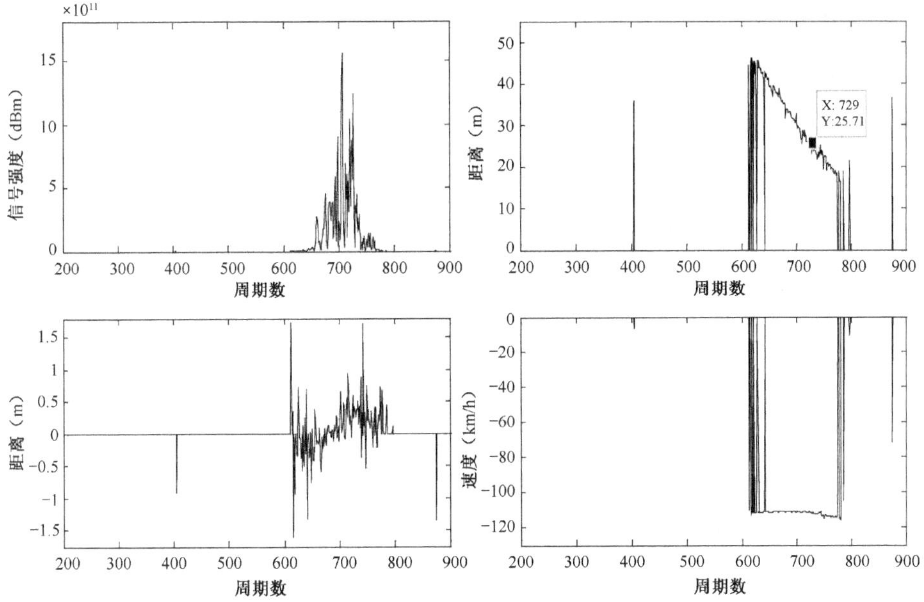

图 4-24　目标的运动特征曲线

（1）雷达信号由弱变强再变弱。

（2）距离线性减小。

（3）速度基本不变。

（4）目标位于同一车道内。

（5）信号是连续且稳定的。

虽然目标可能会做加速或减速运动，但是由于其通过雷达照射区的时间足够短，可以近似认为其做匀速运动。如果一个目标连续多帧信号都近似符合上面 5 个特征，则将其判定为有效目标。

基于以上分析，我们提出“速度与距离匹配算法”来实现多帧跟踪。其基本思想是，运动目标的各项特征具有稳定相关性，来向距离以当前速度随时间递减。

1）速度和距离稳定度的衡量

可以认为速度不变，因此如果多帧信号的速度都在某个值附近波动，则该多帧信号可能指同一目标。

这里用方差来衡量多帧信号的速度稳定度。多帧速度离散点为$\{v_{N+1},v_{N+2},v_{N+3},\cdots,v_{N+n}\}$，$v_{N+n}$是当前帧的速度，$v_{N+n-1}$是前一帧的速度，以此类推。

可以得到平均速度$\overline{v}$和速度方差${\sigma_v}^2$为

$$\overline{v}=\frac{1}{n}\sum_{i=1}^{n}v_{N+i} \tag{4-21}$$

$${\sigma_v}^2=\frac{1}{n-1}\sum_{i=1}^{n}(v_{N+i}-\overline{v})^2 \tag{4-22}$$

距离随时间线性减小，如果多帧信号的距离能够沿某直线上下波动，则该多帧信号可能指同一目标。

这里用工程上常用的算法复杂度较低的最小二乘法线性拟合来衡量多帧距离离散点$\{d_{N+1},d_{N+2},d_{N+3},\cdots,d_{N+n}\}$的稳定度，$d_{N+n}$是当前帧的距离，$d_{N+n-1}$是前一帧的距离，以此类推。

取线性拟合模型$Y=aX+b$，其中X为帧序号，Y为每帧对应的距离。采用最小二乘法可以得到斜率a和截距b为

$$\begin{cases}a=\dfrac{E(XY)-E(X)E(Y)}{E(X^2)-\left[E(X)\right]^2}\\ b=\dfrac{E(X^2)E(Y)-E(XY)E(X)}{E(X^2)-\left[E(X)\right]^2}\end{cases} \tag{4-23}$$

距离方差${\sigma_Y}^2$为

$${\sigma_Y}^2=\frac{1}{n-1}\sum_{i=1}^{n}(y_i-ax_i-b)^2 \tag{4-24}$$

2）速度和距离匹配度的衡量

FSK体制与CW体制类似，其根据多普勒频移得到的目标速度的精确度很高，且波动较小，而目标距离则通过相位计算得到。杂波的存在会使距离波动较大，因此，当检测到多帧信号为同一目标时，以稳定度好的速度信息为基准，

根据速度得到折合距离，并将折合距离与当前距离匹配。

取大小为 n 的时间窗，通过每帧得到的速度 v_{N+i}，计算斜率 $a' = v_i T$，将时间窗内每帧得到的距离折合到当前周期，折合距离 D_i 与 $\{d_{N+i}\}$ 的关系为

$$D_i = d_{N+i} - (n-i)a' \tag{4-25}$$

将时间窗内所有周期的距离换算到当前帧，得到数组 $\{D_1, D_2, \cdots, D_n\}$，其均值 $\bar{D}$ 和方差 ${\sigma_D}^2$ 为

$$\bar{D} = \frac{1}{n}\sum_{i=1}^{n} D_i \tag{4-26}$$

$${\sigma_D}^2 = \frac{1}{n-1}\sum_{i=1}^{n}(D_i - \bar{D})^2 \tag{4-27}$$

均值 $\bar{D}$ 表示当前距离 d_i，方差 ${\sigma_D}^2$ 表示速度和距离的匹配度。经验证，通过该方式得到的速度和距离是稳定的，且匹配度很高。

多帧跟踪流程如图 4-25 所示。

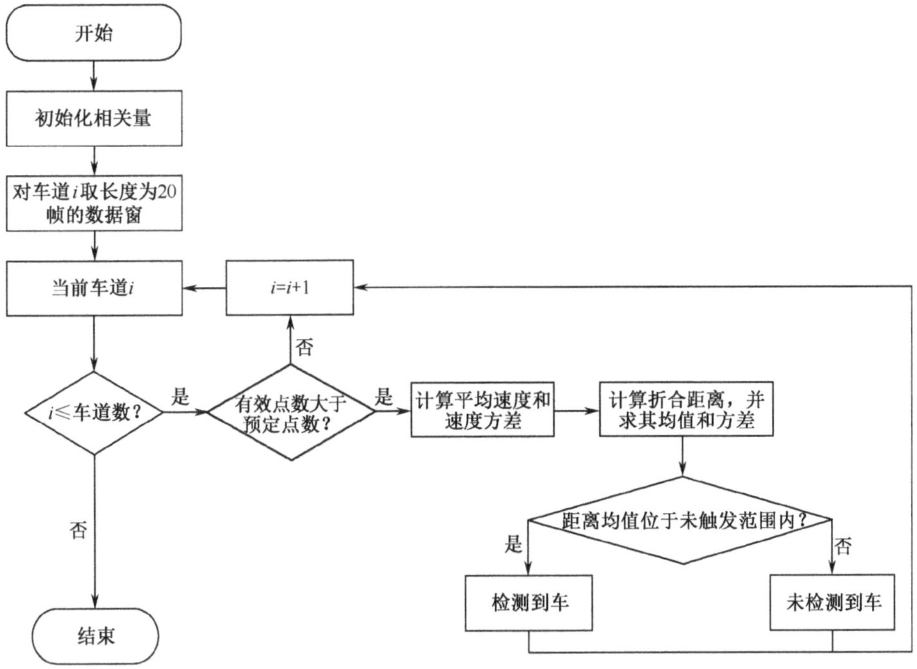

图 4-25　多帧跟踪流程

4.3.2 多目标跟踪触发过程

本节所用雷达对近程车辆在预定位置（24m）进行抓拍，抓拍情况如图 4-26 所示，需给出车速和对应的车道号。

图 4-26 抓拍情况

前面完成了目标筛选工作，初步得到了目标，后续需要完成以下工作。

（1）判断目标是已检测目标还是新目标。

（2）对已检测目标的信息进行更新，触发抓拍。

将各车道的车分为 3 类：已触发车、待触发车、未触发车，相当于各车道仅同时对 3 辆车进行跟踪判断。车辆分类如图 4-27 所示。

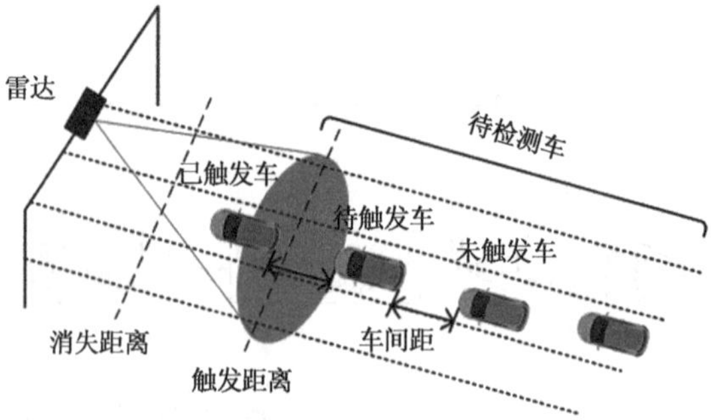

图 4-27 车辆分类

已触发车指过了触发线，已触发并抓拍的车；待触发车指下一辆要经过触发线的车；未触发车指未过触发线的第二辆车；车间距指前后两辆车在行驶过程中的距离。

（1）当车道中无车时，将待检测车归为待触发车。

（2）当车道中只存在已触发车时，将待检测车与已触发车比较。如果待检测车与已触发车的距离小于最小车间距，则待检测车与已触发车匹配，用待检测车信息更新已触发车信息，超过消失距离后不再跟踪；如果待检测车与已触发车的距离大于等于最小车间距，则将待检测车归为待触发车。

（3）当车道中存在待触发车而不存在未触发车时，将待检测车与待触发车比较。如果待检测车与待触发车的距离小于某个值，则待检测车与待触发车匹配，用待检测车信息更新待触发车信息，超过触发距离后其变为已触发车；如果待检测车与待触发车的距离大于等于该值，则将待检测车归为未触发车。

（4）当车道中存在未触发车时，将待检测车视为无效信息并丢弃。

上述过程为信息匹配与更新融合过程，对于一个完整的跟踪过程来说，少不了目标信息的自更新过程。在大多数情况下，目标的状态（距离、速度）确定，且在短时间内不发生变化。因此，在目标信息的自更新过程中，考虑采用以下公式

$$d_n = d_{n-1} - v\Delta t \tag{4-28}$$

式中，d_n 为第 n 周期目标的距离，v 为目标的速度，Δt 为每周期的时长。

当各目标有匹配信息时，进行匹配更新，否则进行自更新。

目标跟踪不断重复上述过程。待检测车不断引入未触发车，车辆状态转换不断使已触发车离开，形成了完整的跟踪触发过程。

4.3.3　基于恒虚警检测的目标检测优化

1．恒虚警检测

当雷达应用于道路交通环境中时，天线接收到的雷达回波中不仅有运动目标的回波信号，还有路面上的井盖、隔离带等散射形成的杂波信号及系统噪声

等干扰信号。因此，雷达从回波信号中检测目标时，通常设置检测门限，当信号高于门限时，判断为目标；当信号低于门限时，认为目标不存在。当门限设置过低时，杂波会被检测为目标，造成虚警；当门限设置过高时，目标可能不被检测到，造成漏警。

由此可知，门限的选取至关重要，通常用出现虚警和漏警的概率来衡量雷达检测性能的好坏。一个具有良好检测性能的雷达要求在不超过预期虚警率的基础上，尽可能降低漏警率。

雷达检测门限通常与杂波、噪声相关。在实际交通应用中，回波信号中的杂波、噪声、目标的信号强度等不断变化。因此，有必要采用动态门限以适应回波信号的变化。

恒虚警检测根据信号的特征得到自适应的动态门限，使雷达的虚警率保持不变，提高雷达的检测性能。

常用的恒虚警检测方法有单元平均恒虚警检测、有序统计恒虚警检测等。

1）单元平均恒虚警检测（CA-CFAR）

取输入信号 x_i 左右各 L 单元 $\{x_{i-L},\cdots,x_{i-1},x_i,x_{i+1},\cdots,x_{i+L}\}$ 进行计算，此时杂波背景的估计 $\hat{\mu}$ 为

$$\hat{\mu}=\frac{1}{2L+1}\sum_{n=-L}^{L}x_{i+n} \tag{4-29}$$

定义 $\hat{\mu}$ 为基本阈值。

此时，雷达检测门限 U_0 可表示为

$$U_0=K\hat{\mu} \tag{4-30}$$

式中，K 为门限乘性因子，用于调节虚警率。

可以看出，该方法取有限单元进行杂波背景估计，不同时刻得到的 $\hat{\mu}$ 会产生波动，单元数 L 越少，$\hat{\mu}$ 的波动越大，从实际应用来看，L 的值不可能为无限大。因此，该方法适用于平均杂波环境，在非均匀杂波环境中，其效果会变差。

2）有序统计恒虚警检测（OS-CFAR）

取输入信号 x_i 左右各 L 单元 $\{x_{i-L},\cdots,x_{i-1},x_i,x_{i+1},\cdots,x_{i+L}\}$，对其进行排序，使得排序后的数组 $\{X_1,X_2,X_3,X_4,\cdots,X_{2L+1}\}$ 满足 $X_1\leqslant X_2\leqslant X_3\leqslant\cdots\leqslant X_{2L+1}$，将第 m 个单元 X_m 作为杂波电平的估计值，即取基本阈值为

$$\hat{\mu}=X_m \tag{4-31}$$

此时，雷达检测门限 U_0 可表示为

$$U_0=K\hat{\mu}=KX_m \tag{4-32}$$

可以看出，该方法是取排序后的有限单元中的第 m 个单元 X_m 进行杂波背景估计，当某时刻输入信号 x_i 附近单元中出现较强的杂波干扰时，虽然会对单元的排序产生影响，但几乎影响不到 X_m。因此，该方法具有较强的抗干扰能力，在非均匀杂波环境中，其检测能力较强且适用于多目标场景。

为进一步提高 OS-CFAR 的抗干扰能力，对其做如下改进。

（1）删除和平均检测（CMLD-CFAR），排除几个最大的点，求剩余数据的平均值并将其作为基本阈值。

（2）整理和平均检测（TM-CFAR），排除几个最大的点和最小的点，求剩余数据的平均值并将其作为基本阈值。

2．恒虚警检测应用

雷达在某段时间扫描到的目标信号如图 4-28 所示。在图 4-28 中，呈蝌蚪状的深色信号是目标信号，其余的是杂波。目标信号越强，颜色越深。

从图 4-28 中可以看出，目标信号越强，杂波越强（纹理越明显），因此应通过恒虚警检测避免虚警。

将排序后的中值作为基本阈值 μ_1，则检测门限为 $U_0'=K\mu_1$，用此门限对信号进行检测，采用恒虚警动态门限的检测效果如图 4-29(b)所示。

为了对比，采用低阈值固定门限和高阈值固定门限对信号进行处理，检测效果分别如图 4-29(c)和图 4-29(d)所示。原始图如图 4-29(a)所示，其包含全部的杂波和目标信号，信号越强则颜色越深。

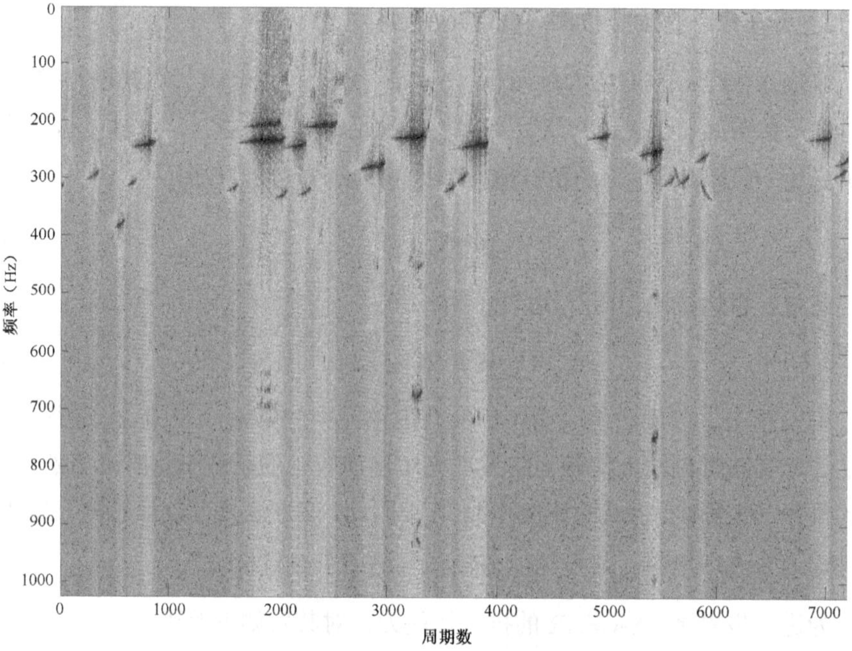

图 4-28　雷达在某段时间扫描到的目标信号

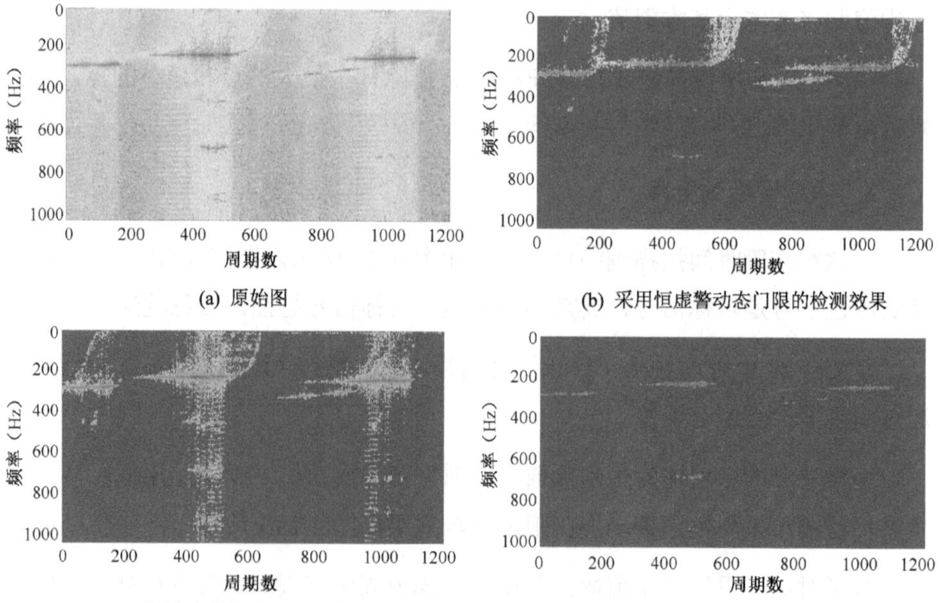

(a) 原始图

(b) 采用恒虚警动态门限的检测效果

(c) 采用低阈值固定门限的检测效果

(d) 采用高阈值固定门限的检测效果

图 4-29　检测效果

从图 4-29 中可以看出，采用低阈值固定门限检测目标时，有很多杂波信号没有被滤除，可能造成虚警；采用高阈值固定门限检测目标时，杂波信号基本没有剩余，但是弱目标信号有一部分被滤除，可能造成漏警；采用恒虚警动态门限检测目标时，不仅能很好地抑制杂波，还实现了弱信号检测能力，使弱信号也有较强的鲁棒性。

事实上，恒虚警检测用自适应阈值代替了固定阈值，减小了人工干预的要求。在实际工业化生产调试过程中，恒虚警检测减小了场景、雷达个体差异引起的幅度差异，增强了性能。

3. 工程实现中的改进

图 4-29(b)中使用有序统计恒虚警检测，对全频谱进行排序、对全频谱的噪声进行估计，其计算量大，在工程实现中需要改进。

信号幅值如图 4-30 所示，可以看到，目标信号只占频谱的一小部分，大多数是噪声且比较均匀。这是因为采用了 FSK 体制雷达且应用于近程交通场景（照射范围不超过 70m），目标的速度比较接近。

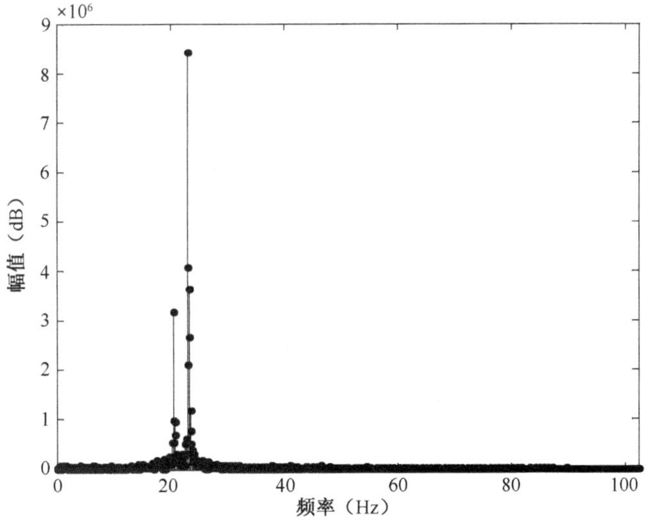

图 4-30　信号幅值

多周期信号幅值排序如图 4-31 所示，从图 4-31 中可以看出，杂波的强弱与目标信号的强弱具有正相关关系。

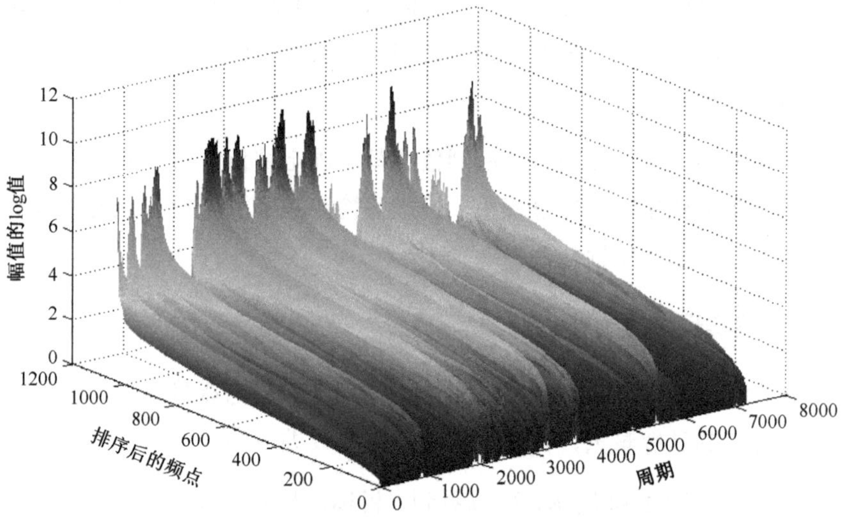

图 4-31　多周期信号幅值排序

基于上述分析，考虑在频谱上选择一个没有目标的点，用该点来估计信号的基本阈值。基于这种考虑，提出两种简化方法。

1）分区平均排序法

将整个频谱等分为 N 个区间 $\left\{\left[x_1,\cdots,x_{i_1}\right],\cdots,\left[x_{N_1},\cdots,x_{Ni_1}\right]\right\}$，对 N 个区间分别求均值，得到 N 个均值单元 $\left\{\mu_1,\mu_2,\cdots,\mu_N\right\}$，对其进行排序，将第 k 个均值单元 μ_k 作为基本阈值。

$$\hat{\mu}=\mu_k=\frac{1}{N}\sum_{i=1}^{N}\mu_i \tag{4-33}$$

得到检测门限为

$$U_0=K\hat{\mu}=K\mu_k \tag{4-34}$$

2）高频筛选点方法

所用雷达的速度分辨率为 0.34km/h，从频谱中估算雷达能够测量的最大速度可达 300km/h，通常车辆的行驶速度不超过 200km/h。因此可以认为，在高频区域没有目标存在。此时，可以根据高频部分频谱的杂波分布情况进行估计，得到基本阈值。

在高频区域取信号 x_{f_n} 左右各 L 单元 $\left\{x_{f_n-L},\cdots,x_{f_n-1},x_{f_n},x_{f_n+1},\cdots,x_{f_n+L}\right\}$，对其进行排序，使排序后的数组满足 $X_1' \leqslant X_2' \leqslant X_3' \leqslant \cdots \leqslant X_{2L+1}'$，将其中第 m 个单元 X_m' 作为高频区域杂波电平的估计，即整个频谱杂波背景的基本阈值为

$$\hat{\mu} = X_m' \tag{4-35}$$

得到检测门限为

$$U_0 = K\hat{\mu} = KX_m' \tag{4-36}$$

该方法借鉴了有序统计中的整理和平均方法。

4. 检测结果

采用不同方法得到的信号基本阈值曲线如图 4-32 所示。

图 4-32(a)使用分区平均排序法，有 50 个区间，每个区间覆盖 20 个频点，对每个区间求均值并排序，取中值为单帧信号的基本阈值，由此得到多帧信号的基本阈值曲线。

图 4-32(b)取高频区域中 800～900 点进行排序，取排序后中间的 51 个点求均值，将其作为单帧信号的基本阈值，由此得到多帧信号的基本阈值曲线。

图 4-32(c)对全频谱进行排序，取排序后的中值作为单帧信号的基本阈值，由此得到全局最优基本阈值曲线。

将图 4-32(c)中的全局最优基本阈值曲线作为对比量，改进后的两种方法得到的结果分别与其进行相关性计算，得到图 4-32(a)的分区平均排序法的相关系数为 0.99471，图 4-32(b)的高频筛选点方法的相关系数为 0.98781。相关系数越接近于 1，表示相关性越强。

可以看出，选取的两种方法都与最优阈值有显著相关性，且图 4-32(a)的相关性更强，说明改进后的两种方法在大幅减小计算量的同时，没有使性能下降

很多，且分区平均排序法的性能优于高频筛选点方法，其计算量也小于高频筛选点方法。

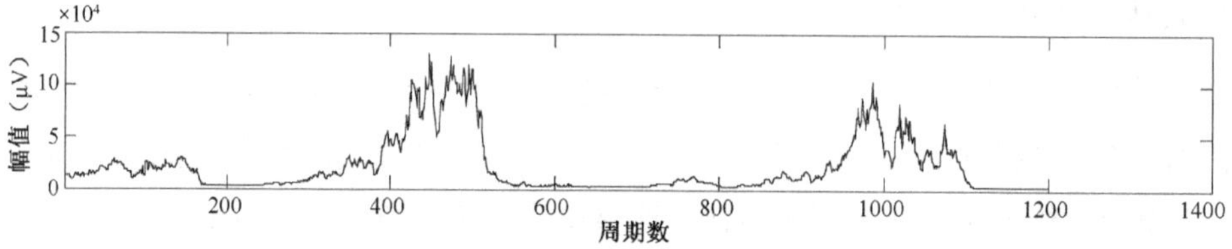

(a) 分区平均排序法

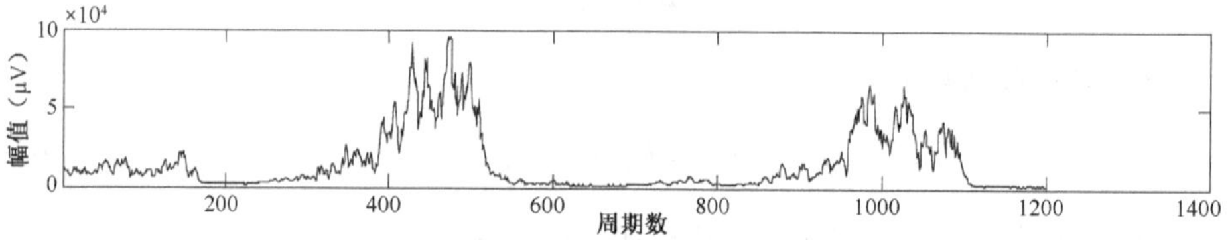

(b) 高频筛选点方法

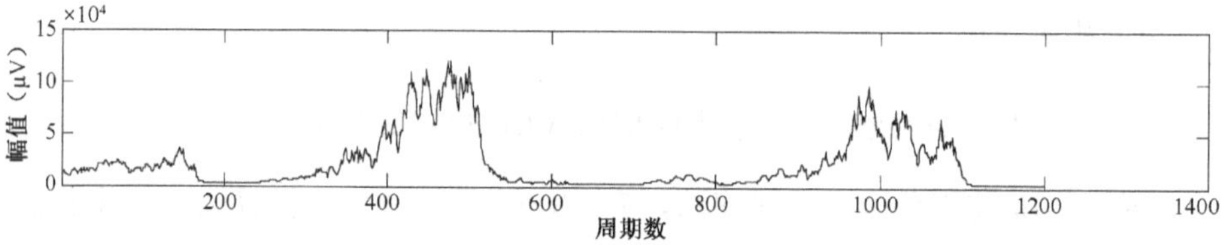

(c) 有序统计恒虚警检测

图 4-32　采用不同方法得到的信号基本阈值曲线

4.3.4　测试和分析

将上述优化算法写入 DSP 模块进行测试，观察系统的实际工作情况，统计有效抓拍率，采集数据以进行 MATLAB 仿真，与测试情况对比，验证算法的可行性，并根据实际情况不断优化。

1. 多车道测试

测试场景为某地高速公路，测量单方向的三车道，多车道测试场景如图 4-33 所示。

图 4-33　多车道测试场景

所用雷达的中断周期约为 8ms，每个中断周期每路信号采集 256 点。单车道有车时的时域信号和频域信号如图 4-34 所示，信号强度最高点对应目标的多普勒频移，通过该值可以得到目标的速度。三车道同时有车时的时域信号和频域信号如图 4-35 所示，该情况较为复杂，可以看到频域信号有 3 个峰值，分别代表 3 个目标的多普勒频移，由此可以得到各目标的速度。要进一步区分目标的距离及车道号等信息，需要根据相关信号的相位差进行计算。

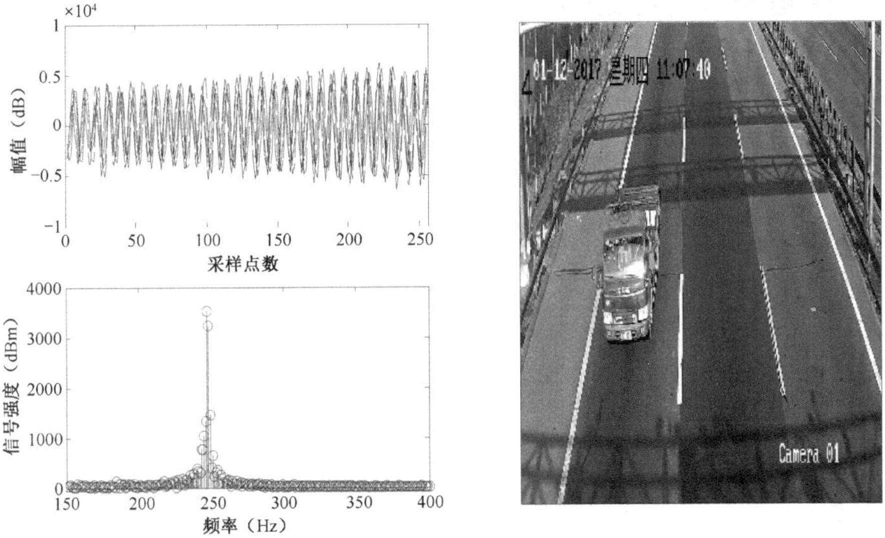

图 4-34　单车道有车时的时域信号和频域信号

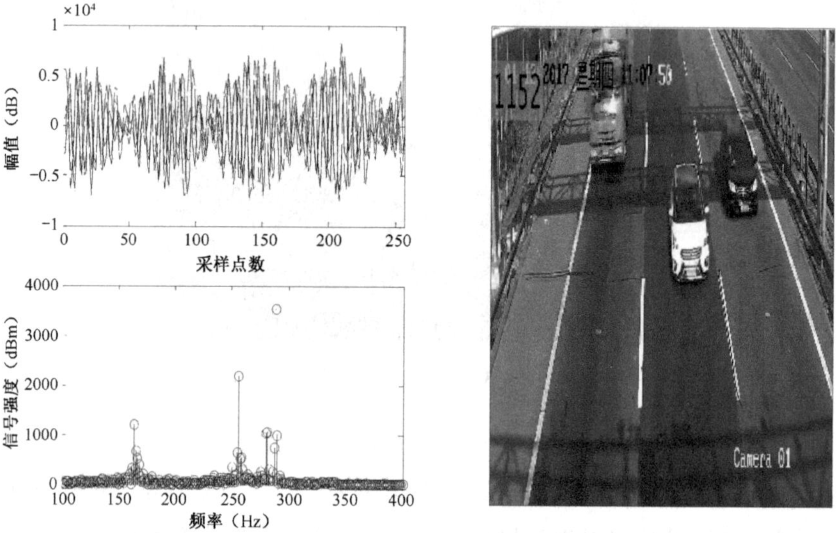

图 4-35　三车道同时有车时的时域信号和频域信号

对实测数据进行仿真得到的信息如图 4-36 所示，图 4-36 中周期数为 1200 左右的 3 个包络波形即为图 4-35 中三车道同时有车的情况。图 4-36 清晰地展示了目标的距离、速度及到中心的距离，可以验证，所用算法能同时监测多个车道的多个目标。

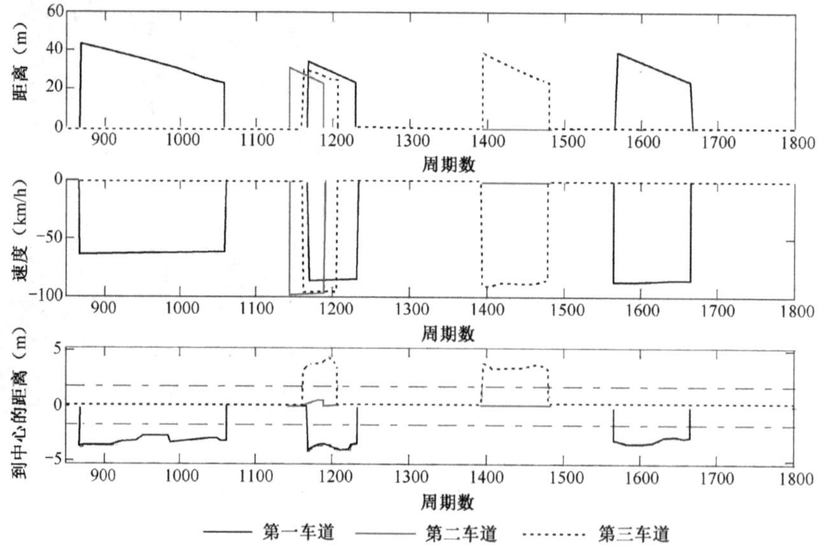

图 4-36　对实测数据进行仿真得到的信息

2. 有效抓拍率

将现场采集视频与抓拍图像进行对比，得到多目标场景中雷达的有效抓拍率如表 4-2 所示。

表 4-2　多目标场景中雷达的有效抓拍率

	第 1 组	第 2 组	第 3 组	第 4 组
抓拍数（辆）	316	334	285	301
漏拍数（辆）	13	15	11	9
并排漏拍数（辆）	11	14	9	9
多拍数（辆）	8	12	7	5
分错车道次数（次）	3	5	2	2
有效抓拍数（辆）	308	322	278	296
实际过车数（辆）	321	337	289	305
有效抓拍率（%）	95.95	95.55	96.19	97.04
漏拍率（%）	4.05	4.45	3.81	2.96
多拍率（%）	2.49	3.56	2.42	1.64

从表 4-2 中可以看出，有效抓拍率超过 95%，与 CW 体制雷达 90%的有效抓拍率相比，有极大改进。

在中国，由于该类产品仍处于研发阶段且涉及商业机密，多目标场景中雷达的算法理论研究还未见公开文献及实际工程应用效果，所以此处仅与现有标准进行比较。交通管理部门要求测速雷达的抓拍率高于 90%，因此所提算法能满足道路交通的实际需要。

3. 抓拍效果

FSK 体制雷达测距准确，可以设置雷达在固定距离处触发，FSK 体制雷达的抓拍效果如图 4-37 所示。

从图 4-37 中可以看出，在单车道有车和多车道同时有车的情况下，均能准确得到目标的运动信息，无论目标的大小、车型、车道位置如何，几乎都在同一横向位置处触发抓拍。

图 4-37　FSK 体制雷达的抓拍效果

4.4　本章小结

本章介绍了 FSK 体制一维、二维、三维雷达的算法实现过程，提出并实现了多目标雷达算法，内容涵盖识别算法、跟踪算法，通过实际路测进行了验证和分析。本章在 FSK 体制的基础上提出了适用的多目标检测跟踪算法，为进一步提高目标检测的准确度，将单帧检测与多帧跟踪结合。为了改善多目标检测时容易出现的虚警、漏警现象，采用有序统计恒虚警检测方法，设置检测门限，结合工程实现提出改进方法，并与最优阈值进行性能对比。另外，本章结合实际应用中出现的雷达摆角问题，在进行大量数据特征分析的基础上，完成特征提取，提出了基于样本统计特性的雷达摆角自修正算法，减小了摆角引起的抓拍误差。对雷达系统进行了实际测试，同时监测多个车道的多个目标，有效抓拍率达到 95%，且具有较好的抓拍效果。

第 5 章

聚类算法研究

本章讨论了聚类算法的优势及经典聚类算法，针对高速公路交通场景中的临近目标区分问题，对经典聚类算法进行改进，提出了基于主轴的密度峰值模糊聚类（SDPFC）算法。本章对实际场景进行了测试和仿真，将 SDPFC 聚类算法与 DBSCAN 聚类算法、FCM 聚类算法和 K-Means 聚类算法进行对比，验证了 SDPFC 聚类算法的优越性能。

5.1　经典聚类算法

信号预处理得到的样本点较为散乱且伴随噪声。因此，在进行多目标跟踪之前，对样本点进行聚类可以更好地完成多目标跟踪，几种常见的聚类算法如下。

5.1.1　DBSCAN 聚类算法

DBSCAN 聚类算法是一种空间聚类算法，其根据被聚类数据的密度特点进行分类，该算法的聚类结果就是密度相连样本点的最大集合，其聚类结果的优劣主要与邻域半径 σ 和邻域半径内最小样本点数 minpts 的选择有关。

σ 邻域：σ 代表以某样本点为圆心的圆半径，该样本点的邻域样本点集 D 定义为在候选集 N 中以某样本点为圆心，半径为 σ 的圆内其他样本点，邻域样本点集 D 为

$$N\sigma(z_i)=\{z_j \in D \mid \mathrm{dist}(z_i,z_j)\leqslant\sigma\} \tag{5-1}$$

核心样本点：有任意样本点 $z_i \in D$，如果至少有 minpts 个样本点在它的邻域范围内，则称 z_i 为核心样本点，表示为

$$|N\sigma(z_i)|\geqslant \mathrm{minpts} \tag{5-2}$$

直接密度可达：如果样本点 z_i 为聚类中心，则在其邻域样本点集 D 中的所有样本点 z_j 直接密度可达 z_i。

密度可达：如果存在对象链 $p_1, p_2, \cdots, p_T$，满足 $p_1 = z_j$ 和 $p_T = z_i$，且 p_{k+1} 直接密度可达 p_k，则称 z_j 密度可达 z_i。

密度相连：如果存在样本点 $z_k \in D$，使样本点 z_j 密度可达 z_k，样本点 z_i 密度可达 z_k，则 z_j 到 z_i 密度相连。

为了更好地理解 DBSCAN 聚类算法定义的参数，给出 DBSCAN 聚类算法图解如图 5-1 所示。其中，白色点为核心样本点，黑色点为非核心样本点。从图 5-1 中可以看出，minpts 为 5，因为核心样本点的 σ 邻域内至少有 5 个样本点。所有直接密度可达样本点都在以核心样本点为中心的圆内，箭头组成了密度可达样本点序列，在这些密度可达样本点的 σ 邻域内，所有样本点都是密度相连的。

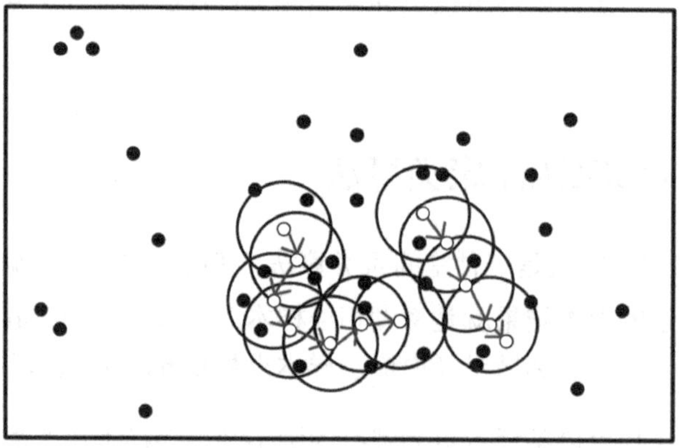

图 5-1　DBSCAN 聚类算法图解

由 DBSCAN 聚类算法的参数可知，密度相连样本点的最大集合就是算法的聚类结果，聚类结果中的每个类别都可以有一个或多个核心样本点。如果某类别中只有一个核心样本点，则该类别中的其他核心样本点都在该核心样本点的 σ 邻域内；如果某类别中有多个核心样本点，则该类别中的任意核心样本点的 σ 邻域内至少有一个其他核心样本点；这些核心样本点的 σ 邻域内所有样本点的集合组成了一个 DBSCAN 聚类类别。

DBSCAN 聚类算法流程如图 5-2 所示。

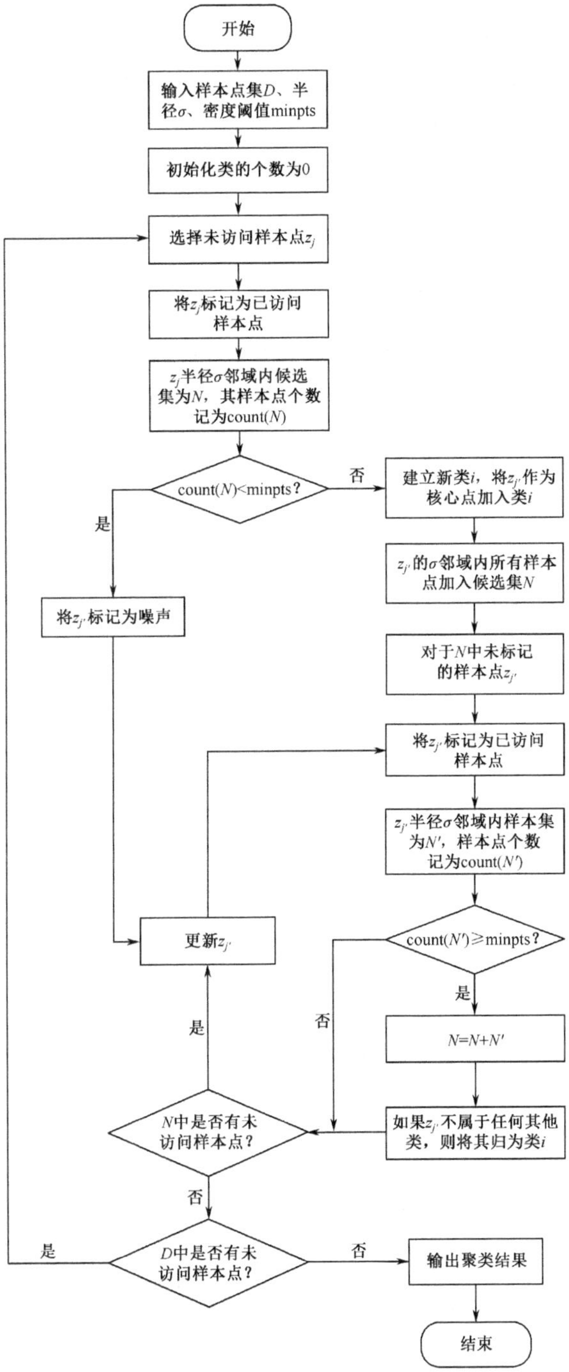

图 5-2　DBSCAN 聚类算法流程

DBSCAN 聚类算法可以对具有任意形状的样本点集进行聚类，非常适用于交通场景，但该算法需要对σ和 minpts 进行联合调参，找到当前场景中的最优解，对于使用者来说比较复杂。此外，由于临近车辆的样本点距离较近且密度相似，DBSCAN 聚类算法不能很好地区分交通场景中的临近车辆。

5.1.2 FCM 聚类算法

FCM 聚类算法是由硬聚类得到的模糊计算型聚类算法，该算法利用目标函数计算模糊指数，聚类结果不是属于或不属于这种二值结果，而是用数值来表示，该数值为 0～1，称为隶属度。此外，FCM 聚类算法是自动的，不需要人为操作。

设样本点为z_j（$j=1,2,\cdots,k$），如果把这些数据分成i类，则对应的中心为i_c。定义目标函数J，样本点为某类别的隶属度为μ_{ij}，则目标函数J的表达式为

$$J=\sum_{i=1}^{I}\sum_{j=1}^{k}\mu_{ij}^{m}\left\|z_j-i_c\right\|^2 \tag{5-3}$$

每个样本点z_j属于i类的隶属度之和应为 1，则有

$$\sum_{i=1}^{I}\mu_{ij}=1,\ j=1,2,\cdots,k \tag{5-4}$$

根据目标函数的性质对其进行扩展，得到

$$J=\sum_{i=1}^{I}\sum_{j=1}^{k}\mu_{ij}^{m}\left\|z_j-i_c\right\|^2+\lambda_1(\sum_{i=1}^{I}\mu_{ij}-1)+\cdots+\lambda_j(\sum_{i=1}^{I}\mu_{ij}-1)+\cdots+\lambda_k(\sum_{i=1}^{I}\mu_{ik}-1) \tag{5-5}$$

求J的极值，J对μ_{ij}和i_c的偏导数为 0，有

$$\begin{cases}\dfrac{\partial J}{\partial \mu_{ij}}=m\left\|z_j-i_c\right\|^2\mu_{ij}^{m-1}+\lambda_j=0\\ \dfrac{\partial J}{\partial i_c}=\sum_{j=1}^{k}\left[-2\mu_{ij}^{m}(z_j-i_c)\right]=0\end{cases} \tag{5-6}$$

求解得到

$$\begin{cases} \mu_{ij} = \dfrac{1}{\sum\limits_{k=1}^{I} \left(\dfrac{\left\| z_j - i_c \right\|^2}{\left\| z_j - i_k \right\|^2} \right)^{\frac{2}{m-1}}} \\ i_c = \dfrac{\sum\limits_{j=1}^{k} \mu_{ij}^m}{\sum\limits_{j=1}^{k} \mu_{ij}^m} z_j \end{cases} \tag{5-7}$$

FCM 聚类算法流程如下。需要设定聚类数 i、加权指数 m 及控制循环结束的终止误差 η，以式（5-4）的限定条件为基础，随机划分 μ_{ij}，设定迭代次数和聚类中心。

（1）通过式（5-7）计算聚类中心 i_c。

（2）根据步骤（1）的结果及式（5-7）更新隶属度 μ_{ij}'。

（3）循环执行步骤（1）和步骤（2），直到目标函数 J 趋于稳定，稳定条件为

$$\varepsilon = \sum_{i=1}^{I} \sum_{j=1}^{k} (\mu_{ij}' - \mu_{ij}) < \eta \tag{5-8}$$

FCM 聚类算法流程如图 5-3 所示。

FCM 聚类算法的特点是通过判断样本点的隶属度来确定聚类结果，如果某样本点关于某类别的隶属度最高，则该样本点属于该类别。FCM 聚类算法需要预设一些参数，这些参数的选择十分重要，参数选择与聚类结果的优劣密切相关。在解决特征数较多的样本点聚类问题时，FCM 聚类算法的计算量大，导致实时性差。在本章分析的交通场景中，临近车辆的样本点距离较近，FCM 聚类算法不能很好地区分交通场景中的临近车辆。

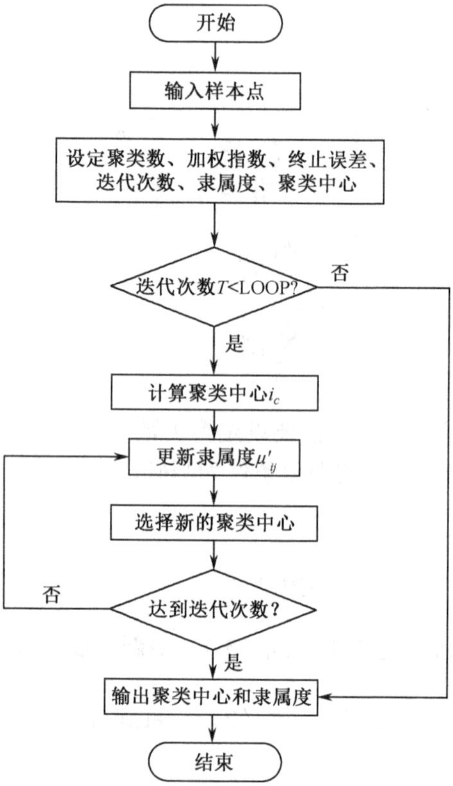

图 5-3　FCM 聚类算法流程

5.1.3　K-Means 聚类算法

K-Means 聚类算法是一种理论简单的聚类算法，其利用迭代计算的思想，从所有样本点中随机选取 k 个样本点作为初始的聚类中心，计算各样本点与这 k 个聚类中心的距离，该距离就是判断样本点所属类别的依据，样本点离哪个聚类中心最近，就属于哪个类别，再计算新划分的类别的聚类中心，重复上述过程，直到聚类中心不再改变。在 K-Means 聚类算法中比较重要的数据包括预先设定的 k 值、各样本点到聚类中心的距离、新划分的类别的聚类中心等。

在 K-Means 聚类算法中，需要计算大量“距离”。设样本点为 z_j（$j=1,2,\cdots,m_k$），根据 K-Means 聚类算法理论，在计算距离前，需要随机选取 k 个样本点作为聚类中心，聚类中心的数量由用户预先设定，这里将 k 值设为实际交通场景中的目标数量。

为了计算各样本点到聚类中心的距离，设聚类中心为 z_i（$i=1,2,\cdots,k$），这里采用欧氏距离（Euclidean Distance）进行计算，具体的计算公式为

$$\mathrm{dist}\left(z_i,z_j\right)=\sqrt{\sum_{i=1}^{k}\sum_{j=1}^{m_k}\left(z_i-z_j\right)^2} \tag{5-9}$$

各样本点到聚类中心的距离是 K-Means 聚类算法的唯一分类依据，这里将距离定义为在平面直角坐标系中各样本点与聚类中心之间的线段长度。可以将距离的说法扩展为相似度，距离越近则相似度越高。通过式（5-9）得到距离之后，可对每个样本点计算出 k 个距离，选择与样本点距离最短的聚类中心，将该样本点划分到该聚类中心的类别中，即完成了第一次样本点分类过程。对每个样本点执行上述操作，可知经过 m_k 次循环后，初步分类过程结束。

接下来计算各类别的样本点均值，将均值作为新的聚类中心。该算法是一个迭代过程，需要设置迭代结束的条件，这个条件可以是聚类中心不再改变，也可以是迭代次数达到上限。

K-Means 聚类算法流程如图 5-4 所示。

K-Means 聚类算法易于理解和实现，在处理数据量较大的样本点集时，效率较高，当聚类近似为高斯分布时，效果更好。但是，该算法需要预设聚类数 k，该参数的选取越接近真实值，则聚类结果越理想。在实践过程中发现，该算法对噪声和异常点很敏感，当临近车辆的样本点距离较近且夹杂噪声时，K-Means 聚类算法不能很好地区分临近车辆。

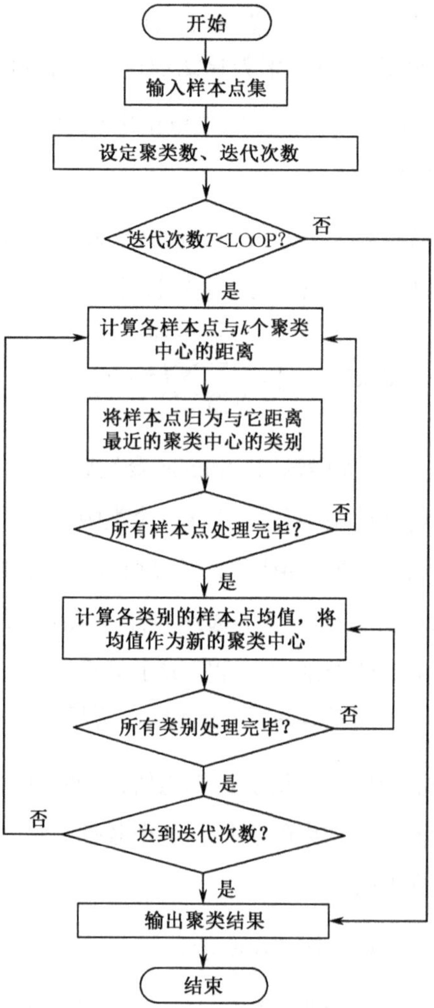

图 5-4 K-Means 聚类算法流程

5.2 基于主轴的密度峰值模糊聚类算法

2014 年，Rodriguez 和 Laio 提出了基于密度峰值的快速聚类（Clustering by Fast Search and Find of Density Peaks，CFSFDP）算法。该算法认为，与相邻

样本点相比，作为聚类中心的样本点具有更高的密度，且各聚类中心与密度高的样本点距离较远。本节以该算法思路为基础，适当创新，提出了基于主轴的密度峰值模糊聚类（SDPFC）算法，该算法通过二次聚类修正结果，先通过基于密度峰值的初次聚类算法得到聚类中心和聚类类别，再通过基于主轴更新的模糊聚类算法对聚类结果进行修正，从而得到聚类结果。

5.2.1　基于密度峰值的初次聚类算法

设待聚类的样本点集为 $S=\{z_i\}_{i=1}^{n}$，$I_S=\{1,2,\cdots,n\}$ 是相应指标集。样本点之间的欧氏距离为 d_{ij}，d_{ij} 的数量为 $0.5n(n-1)$ 个，d_{ij} 为

$$d_{ij}=\mathrm{dist}(z_i,z_j) \tag{5-10}$$

对 d_{ij} 进行升序排列，定义 d_t 为第 r 个 d_{ij}，设置百分比参数 p，则 r 为

$$r=\mathrm{round}\left[\frac{n(n-1)}{2}p\right] \tag{5-11}$$

式中，round 函数表示四舍五入取整。在本节的实验环境中，样本点距离较近，因此 p 选择为 2%，用户可以根据自己的实验环境修改 p。选择的 p 越大，过滤的聚类类别越多。

样本点 z_i 的密度 ρ_i 为

$$\rho_i=\sum_{j\in I_S^i}\chi(d_{ij}-d_c) \tag{5-12}$$

式中，d_c 为截断距离，根据实际场景而定。当 $x\leqslant 0$ 时，$\chi(x)=1$；当 $x>0$ 时，$\chi(x)=0$。

对于每个样本点 z_i，找到所有比该样本点 z_i 密度大的样本点 z_j，选择 d_{ij} 最小的点，记为 δ_i。如果没有比样本点 z_i 密度大的样本点 z_j，则选择 d_{ij} 最大的点，记为 δ_i。可以根据 ρ_i 和 δ_i 的特点确定样本点是否为聚类中心，δ_i 为

$$\delta_i=\begin{cases}\min\limits_{j\in I_S^i}\{d_{ij}\}, & I_S^i\neq\varnothing\\ \max\limits_{j\in I_S^i}\{d_{ij}\}, & I_S^i=\varnothing\end{cases} \tag{5-13}$$

指标集的表达式为

$$I_S^i = \{k \in I_S : \rho_k > \rho_i\} \tag{5-14}$$

设密度阈值为ρ_0，距离阈值为δ_0，如果样本点z_i的$\rho_i > \rho_0$且$\delta_i > \delta_0$，则认为样本点z_i是某类别的聚类中心。

决策图如图 5-5 所示，从图 5-5 中可以看出，样本点越靠近右上角，其ρ_i和δ_i越大，这些样本点更有可能成为聚类中心。有了决策图后，可以轻松定义密度阈值和距离阈值，以确定哪些点可以成为聚类中心。

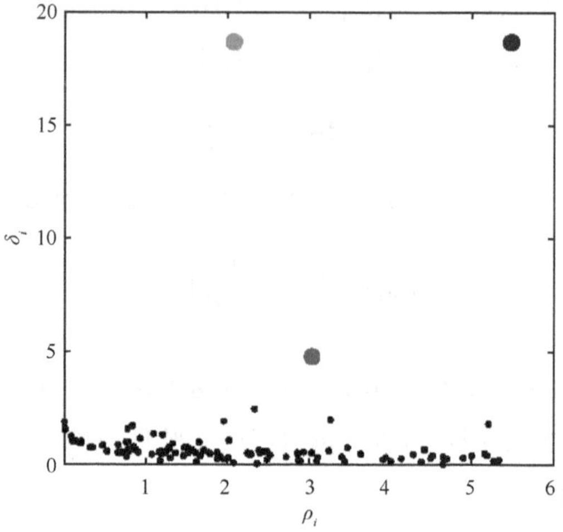

图 5-5　决策图

定义$\{m_j\}_{j=1}^{n_c}$为各聚类中心对应样本点的编号，z_{m_j}为第j个聚类中心。定义$\{c_i\}_{i=1}^{n}$为样本点归类属性标记，c_i表示第i个样本点归于第c_i个类别，c_i满足

$$c_i = \begin{cases} k, & z_i\text{是第}k\text{个聚类中心} \\ -1, & z_i\text{不是第}k\text{个聚类中心} \end{cases} \tag{5-15}$$

定义$\{n_i\}_{i=1}^{n}$为S中所有局部密度比z_i大的样本点中距离最近的样本点的编号，具体定义为

$$n_i = \begin{cases} \arg\left(\min\limits_{j \in I_S^i}\{d_{ij}\}\right), & I_S^i \neq \varnothing \\ 0, & I_S^i = \varnothing \end{cases} \tag{5-16}$$

可以利用式（5-16）对样本点进行处理。密度最大的样本点离哪个聚类中心近，就归为哪类。这种逐个处理的方式，比循环迭代快得多。

$\{h_i\}_{i=1}^{n}$ 表示样本点是核心样本点（Cluster Core）或边缘样本点（Cluster Halo）。核心样本点的平均局部密度较大，对应该类别的核心部分，边缘样本点的平均局部密度较小，对应该类别的边缘部分，h_i 的表达式为

$$h_i = \begin{cases} 0, & z_i \in \text{Cluster Core} \\ 1, & z_i \in \text{Cluster Halo} \end{cases} \tag{5-17}$$

n_c 为聚类数，如果 $n_c > 1$，则每类会生成数值 $\{\rho_i^b\}_{i=1}^{n_c}$，该值为平均局部密度上界。对于一个固定的类别来说，确定它的边界区域，构成该区域的样本点本身属于该类别，但在与其距离不超过 d_c 的范围内，存在属于其他类别的样本点。利用边界区域可以计算平均局部密度，并区分核心样本点和边缘样本点。

平均局部密度为

$$\bar{\rho} = \frac{\rho_i + \rho_j}{2} \tag{5-18}$$

平均局部密度上界为

$$\begin{cases} \rho_{c_i}^b = \bar{\rho}\ ,\ \bar{\rho} > \rho_{c_i}^b \\ \rho_{c_j}^b = \bar{\rho}\ ,\ \bar{\rho} > \rho_{c_j}^b \end{cases} \tag{5-19}$$

h_i 为

$$\begin{cases} h_i = 1\ ,\ \rho_i < \rho_{c_i}^b \\ h_i = 0\ ,\ \rho_i \geqslant \rho_{c_i}^b \end{cases} \tag{5-20}$$

基于密度峰值的初次聚类算法流程如下。

（1）初始化并对数据进行预处理，用户自定义截断距离，计算 d_{ij}、ρ_i 和 δ_i。

（2）确定聚类中心，初始化样本点归类属性标记，得到聚类中心和它的类别编号。

（3）对非聚类中心样本点进行归类。

（4）如果$n_c > 1$，则将每个类别中的样本点分为核心样本点和边缘样本点。

以真实的交通场景为例，初次聚类结果如图 5-6 所示。图 5-6 中的横轴和纵轴表示距离，图中的点表示样本点。该图表示样本点之间的距离，不表示实际样本点的位置，样本点之间的距离是真实的，但是它们的坐标不是真实的位置，该图仅用于清楚地显示聚类中心和聚类类别。

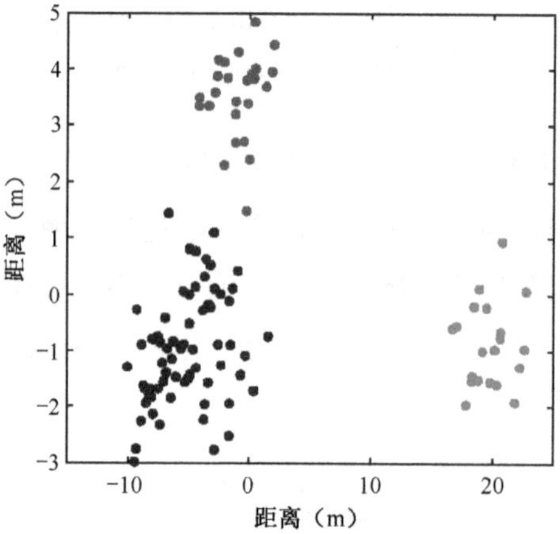

图 5-6　初次聚类结果

5.2.2　基于主轴更新的模糊聚类算法

本节对初次聚类结果进行修正，得到最终的聚类结果，本节用到的结果包括各样本点的坐标、各聚类中心的位置、聚类类别数。i 表示第 i 类样本（$i = 1, 2, \cdots, I$），$z_0^{(i)}$ 表示第 i 类样本类别的聚类中心。

我们使用的雷达是毫米波监视雷达，悬挂在车道上方的卡口处，雷达与车道的位置固定。在正常情况下，车辆在车道线之间行驶，车辆长时间踩线、违规跨线都是违法行为。因此，以 5.1 节得到的结果为基础，以过聚类中心且平行于车道中心线的直线为主轴，对初次聚类结果进行修正。使专用的标定车辆在道路上行驶，采集某车道中心线的位置信息，记录该直线的斜率为 a_0。

定义初始主轴为过聚类中心且平行于车道中心线的直线，第 i 类主轴 $L_c^{(i)}$ 为

$$y = a^{(i)}x + b^{(i)} \tag{5-21}$$

设斜率为a_0且过各聚类中心$z_0^{(i)}=(x_0^{(i)},y_0^{(i)})$的初始主轴为

$$y=a_0^{(i)}x+b_0^{(i)} \tag{5-22}$$

定义样本点在平面直角坐标系中的坐标为

$$z_j=(x_j,y_j) \tag{5-23}$$

$j=1,2,\cdots,k$表示除了聚类中心的第j个样本点，k表示除了聚类中心的所有样本点的数量。

式（5-24）表示第j个样本点与第i类主轴之间的距离，其值为$D_j^{(i)}$。

$$z_j \sim L_c^{(i)} \tag{5-24}$$

定义目标函数T为

$$T=\sum_{i=1}^{I}\sum_{j=1}^{k}B_{ij}^{m}D_j^{(i)^2} \tag{5-25}$$

$\boldsymbol{B}$为模糊矩阵。模糊矩阵是某样本点属于某类别的概率矩阵。m表示某样本点属于某类别的程度，即权重，该值可以由用户确定。$\boldsymbol{B}$的约束条件为

$$\sum_{i=1}^{I}B_{ij}=1 \tag{5-26}$$

为了得到最优解，需要在约束条件下使T取得极小值。对式（5-25）做拉格朗日展开，得到

$$T=\sum_{i=1}^{I}\sum_{j=1}^{k}B_{ij}^{m}D_j^{(i)^2}+\lambda_1\left(\sum_{i=1}^{I}B_{ij}-1\right)+\cdots+\lambda_j\left(\sum_{i=1}^{I}B_{ij}-1\right)+\cdots+\lambda_k\left(\sum_{i=1}^{I}B_{ik}-1\right) \tag{5-27}$$

T对B_{ij}求偏导数得

$$\frac{\partial T}{\partial B_{ij}}=mD_j^{(i)^2}B_{ij}^{m-1}+\lambda_j=0 \tag{5-28}$$

计算得

$$B_{ij}^{m-1}=\frac{-\lambda_j}{mD_j^{(i)^2}}\Rightarrow B_{ij}=\left(\frac{-\lambda_j}{m}\right)^{\frac{1}{m-1}}\frac{1}{\left[D_j^{(i)^2}\right]^{\frac{2}{m-1}}} \tag{5-29}$$

将 B_{ij} 代入式（5-26）得

$$\left(\frac{-\lambda_j}{m}\right)^{\frac{1}{m-1}}\sum_{i=1}^{I}\frac{1}{\left[D_j^{(i)^2}\right]^{\frac{2}{m-1}}}=1 \tag{5-30}$$

简化得

$$\left(\frac{-\lambda_j}{m}\right)^{\frac{1}{m-1}}=\frac{1}{\sum\limits_{i=1}^{I}\frac{1}{\left[D_j^{(i)^2}\right]^{\frac{2}{m-1}}}}=\frac{1}{\sum\limits_{k=1}^{I}\frac{1}{\left[D_j^{(k)^2}\right]^{\frac{2}{m-1}}}} \tag{5-31}$$

将式（5-31）代入式（5-29）得

$$B_{ij}=\frac{1}{\sum\limits_{k=1}^{I}\frac{1}{\left[D_j^{(k)^2}\right]^{\frac{2}{m-1}}}}\frac{1}{\left[D_j^{(i)^2}\right]^{\frac{2}{m-1}}}=\frac{1}{\sum\limits_{k=1}^{I}\left[\frac{D_j^{(i)^2}}{D_j^{(k)^2}}\right]^{\frac{2}{m-1}}} \tag{5-32}$$

从式（5-32）中可以看出，要得到 B_{ij}，应先计算从样本点 i 到聚类中心 j 的距离，再计算样本点 i 到所有聚类中心的距离之和，求前者与后者的比值，该值越大则隶属度越高。式（5-32）为 B_{ij} 的更新公式，主轴更新过程如下。

根据前面的定义可得，主轴表达式为 $y=a^{(i)}x+b^{(i)}$。

样本点 z_j 为 $(x_1,y_1),(x_2,y_2),\cdots,(x_{m_k},y_{m_k})$。

$D_j^{(i)}$ 为样本点到第 i 类主轴的距离，即误差，则有

$$D_j^{(i)}=\begin{cases}\dfrac{\left|a^{(i)}x_j-y_j+b^{(i)}\right|}{\sqrt{a^{(i)2}+1}}, & y_0^{(i)}-\dfrac{d_c}{\sin\left\{\arctan\left[a^{(i)}\right]\right\}}\leqslant y_j\leqslant y_0^{(i)}+\dfrac{d_c}{\sin\left\{\arctan\left[a^{(i)}\right]\right\}}\\ \sqrt{\left[x_j^{(i)2}-x_j^{\ 2}\right]+\left[y_j^{(i)2}-y_j^{\ 2}\right]}, & 其他\end{cases} \tag{5-33}$$

如果样本点位置的纵坐标在某聚类中心纵坐标上下 d_c 距离内，则计算该样本点到某主轴的距离，否则计算该样本点到某聚类中心的距离。d_c 一般取半个车身的长度，具体数值需要在实际应用中测试得到。$D_j^{(i)}$ 为最小值时，可以将该

样本点归为第 i 类。

定义 δ 为误差的平方和，其表达式为

$$\delta=\sum_{j=1}^{m}D_j=\sum_{j=1}^{m}(y_j-ax_j-b)^2 \tag{5-34}$$

式中，m 表示某类别内除了聚类中心的样本点数量。δ 分别对 a 和 b 求偏导得

$$\begin{cases}\dfrac{\partial\delta}{\partial a}=-2\left(\sum_{j=1}^{m}x_jy_j-b\sum_{j=1}^{m}x_j-a\sum_{j=1}^{m}{x_j}^2\right)\\ \dfrac{\partial\delta}{\partial b}=-2\left(\sum_{j=1}^{m}y_j-\sum_{j=1}^{m}b-a\sum_{j=1}^{m}x_j\right)\end{cases}$$
$$\Rightarrow\begin{cases}\dfrac{\partial\delta}{\partial a}=-2\left(\sum_{j=1}^{m}x_jy_j-bm\overline{x}-a\sum_{j=1}^{m}{x_j}^2\right)\\ \dfrac{\partial\delta}{\partial b}=-2\left(m\overline{y}-bm-am\overline{x}\right)\end{cases} \tag{5-35}$$

令式（5-35）为 0，可得

$$\begin{cases}a=\dfrac{\sum_{j=1}^{m}(x_j-\overline{x})(y_j-\overline{y})}{\sum_{j=1}^{m}(x_j-\overline{x})^2}\\ b=\overline{y}-a\overline{x}\end{cases} \tag{5-36}$$

基于主轴更新的模糊聚类算法流程如下。

（1）输入参数：样本集合 $z_j^{(i)}$、初始主轴斜率 a_0、初次聚类类别数 i、各类的主轴 $L_c^{(i)}$。

（2）更新矩阵 $\boldsymbol{B}$。

（3）对每类样本的主轴进行更新。

（4）重复步骤（2）、（3）直到变化值 $V<\eta$。

V 的表达式为

$$V=\sum_{i=1}^{I}\sum_{j=1}^{m_k}(B_{ij}'-B_{ij}) \tag{5-37}$$

基于主轴的密度峰值模糊聚类算法流程如图 5-7 所示。以 5.1 节的实验场景为例，得到聚类结果如图 5-8 所示。图中样本点是从真实的高速公路交通场景中采集的，样本点的坐标与真实场景中的坐标对应。

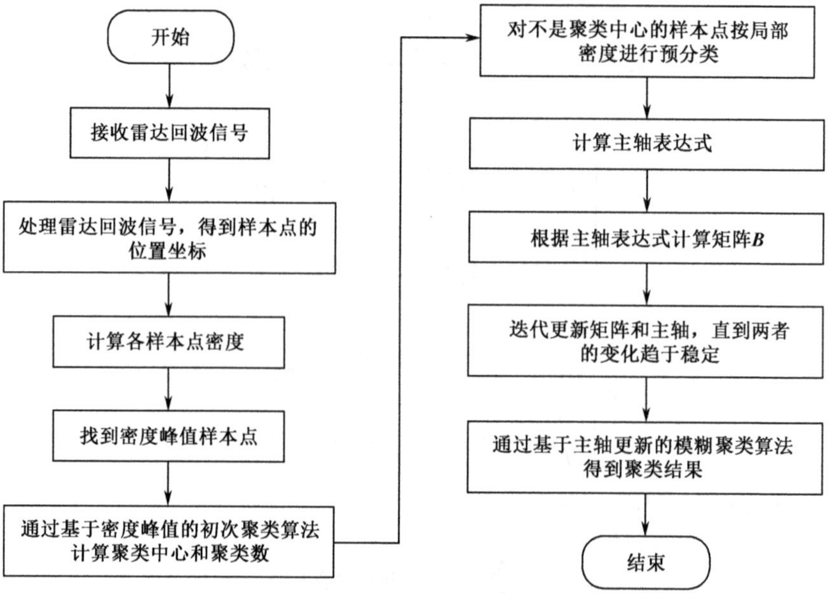

图 5-7　基于主轴的密度峰值模糊聚类算法流程

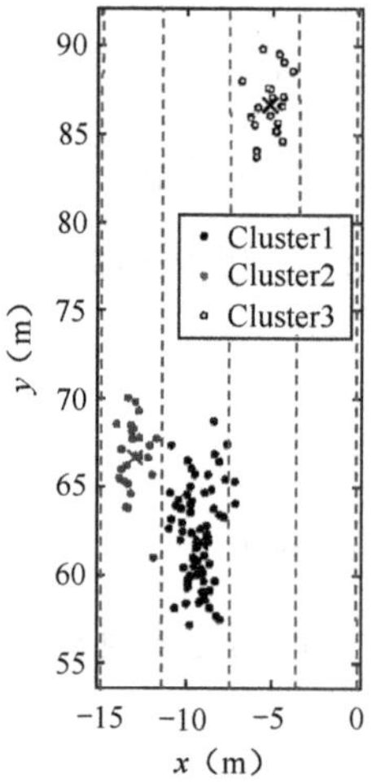

图 5-8　聚类结果

5.2.3　实验设计

实验场景为某四车道高速公路，雷达安装在卡口侧顶部，雷达的位置如图 5-9 所示。在高速公路交通场景中，车辆行驶速度较快、前后车距较大，在行驶过程中会出现车辆左右临近和相互遮挡的情况。现有的聚类算法无法精确区分临近和相互遮挡的目标，本节提出了基于主轴的密度峰值模糊聚类算法，该算法可以较好地解决在高速公路交通场景中的临近车辆区分问题。由本实验场景中的雷达和道路的位置关系可知，主轴表达式为 $x = \mathrm{centre}(x)$，$\mathrm{centre}(x)$表示某聚类中心的横坐标。在本节的实验中，实验的主场景不变则主轴不变。

图 5-9　雷达的位置

1. 场景 1

某四车道高速公路中有三辆行驶距离较近的车，其中两辆大型车的横向距离很近且相互遮挡，另一辆车距离两车稍远，场景 1 如图 5-10 所示。雷达共返回 117 个有效样本点，场景 1 的样本点分布如图 5-11 所示。

图 5-10　场景 1

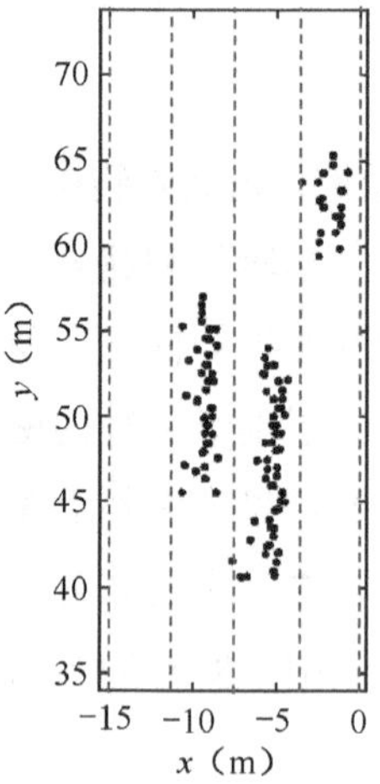

图 5-11　场景 1 的样本点分布

在场景 1 中，两辆大型车相互遮挡导致样本点分布不均。DBSCAN 聚类算法根据密度进行分类，得到许多类别；FCM 聚类算法对模糊矩阵和聚类中心进行迭代更新，不能很好地区分临近目标；K-Means 聚类算法也不能很好地区分临近目标。SDPFC 聚类算法得到的结果与真实场景对应，效果较好。场景 1 中各算法聚类结果如图 5-12 所示。

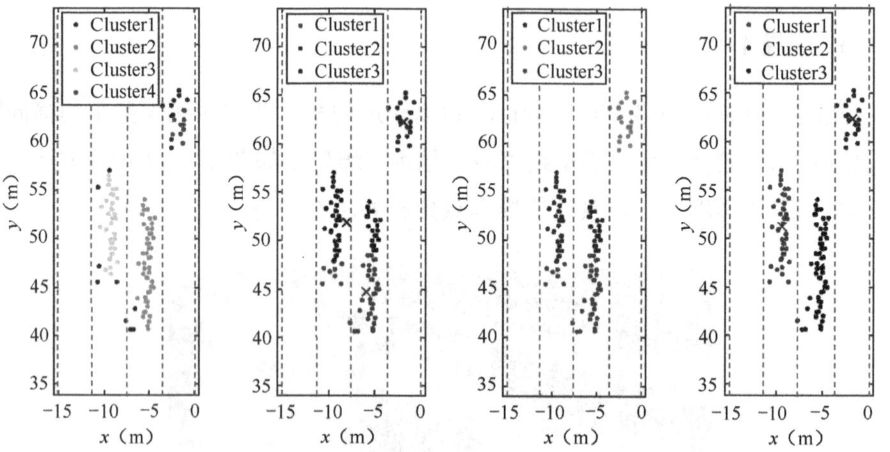

图 5-12　场景 1 中各算法聚类结果

2. 场景 2

某四车道高速公路中有三辆行驶距离较近的车，其中两辆车的横向距离很近且大型车遮挡了小型车，另一辆车距离两车稍远，场景 2 如图 5-13 所示。雷达共返回 115 个有效样本点，场景 2 的样本点分布如图 5-14 所示。

图 5-13　场景 2

场景 2 中各算法聚类结果如图 5-15 所示。

在场景 2 中，一辆大型车遮挡了一辆小型车，导致小型车的样本点数量较少。与 DBSCAN 聚类算法、FCM 聚类算法、K-Means 聚类算法相比，SDPFC 聚类算法得到的结果较好。

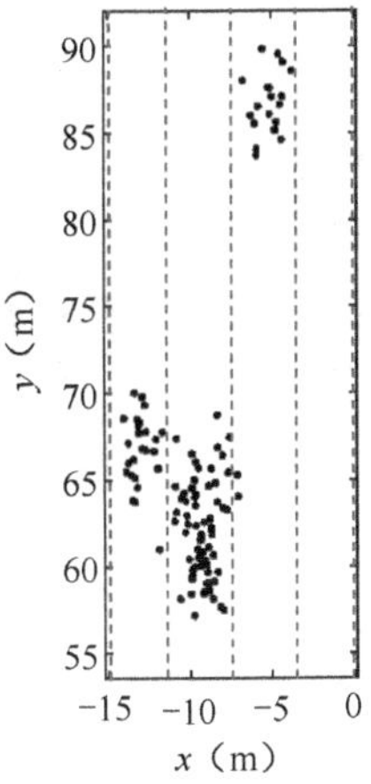

图 5-14　场景 2 的样本点分布

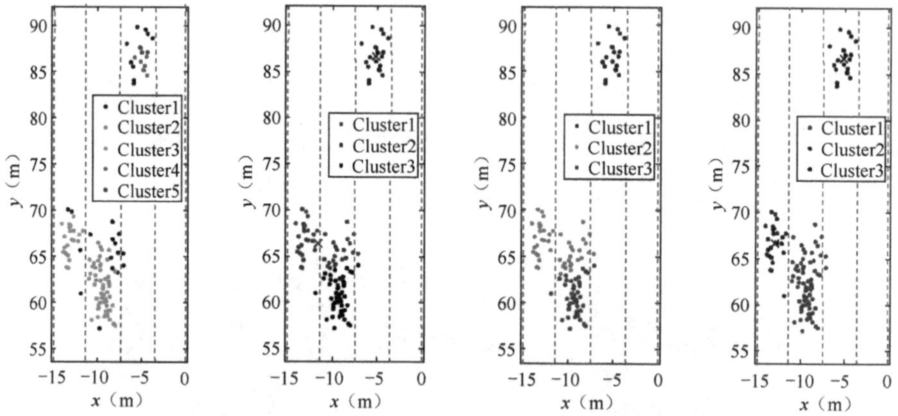

(a) DBSCAN 聚类算法　(b) FCM 聚类算法　(c) K-Means 聚类算法　(d) SDPFC 聚类算法

图 5-15　场景 2 中各算法聚类结果

3. 场景 3

某四车道高速公路中有五辆行驶距离较近的车，有多辆车相互遮挡，场景 3 如图 5-16 所示。雷达共返回 202 个有效样本点，场景 3 的样本点分布如图 5-17 所示。

图 5-16　场景 3

场景 3 中各算法聚类结果如图 5-18 所示。

在场景 3 中，临近样本数量较多，有多辆车相互遮挡，导致样本点分布不均且小型车的样本点数量较少。与 DBSCAN 聚类算法、FCM 聚类算法、K-Means 聚类算法相比，SDPFC 聚类算法得到的结果较好。

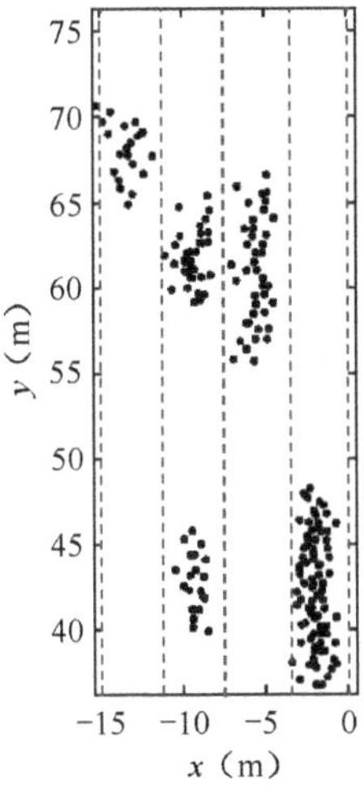

图 5-17　场景 3 的样本点分布

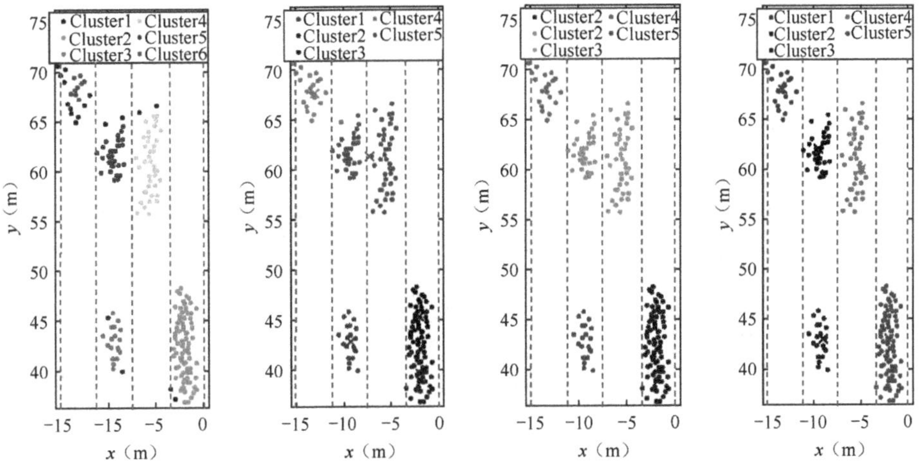

(a) DBSCAN 聚类算法　(b) FCM 聚类算法　(c) K-Means 聚类算法　(d) SDPFC 聚类算法

图 5-18　各算法聚类结果

为了直观地比较各算法的准确性，定义聚类精度为

$$\text{Accuracy} = \frac{K}{N} \tag{5-38}$$

式中，K 为分类正确的样本点数量，N 为参与分类的样本点数量。各算法

的聚类精度对比如图 5-19 所示。

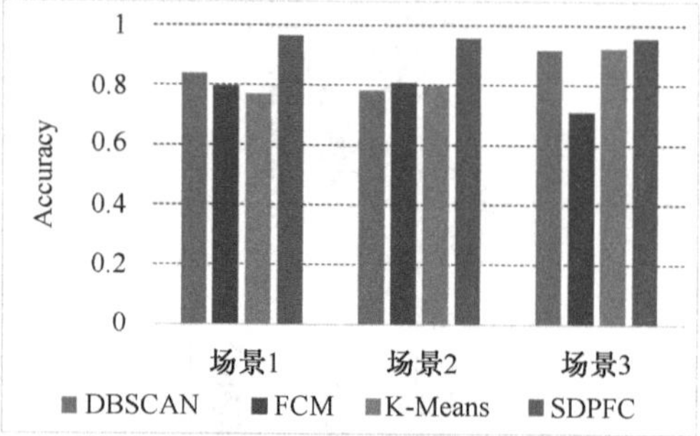

图 5-19　各算法的聚类精度对比

从图 5-19 中可以看出，在本节的 3 个实际场景中，SDPFC 聚类算法的聚类精度最高，平均聚类精度达到 0.95 以上。

为了更好地呈现 SDPFC 聚类算法的聚类结果，除了上述 3 个经典场景，本节还选择了 4 个有相邻车辆的场景，4 个场景的真实情况如图 5-20 所示。SDPFC 聚类算法的聚类结果如图 5-21 所示。

(a) 场景 4　(b) 场景 5

(c) 场景 6　(d) 场景 7

图 5-20　4 个场景的真实情况

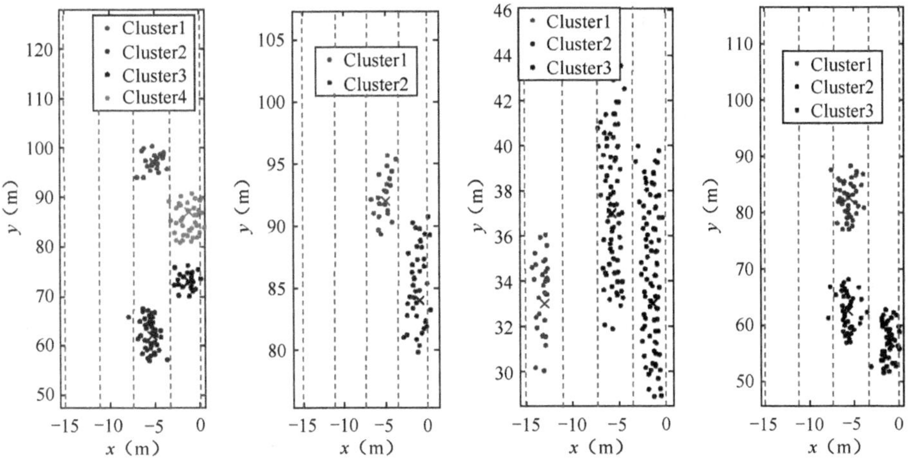

(a) 场景 4　(b) 场景 5　(c) 场景 6　(d) 场景 7

图 5-21　SDPFC 聚类算法的聚类结果

为了直观地比较各算法的实时性能，对 4 种算法进行测试，在约 0.2s 内选择所有样本点作为各场景中实验的输入数据，各算法耗时如表 5-1 所示。

表 5-1　各算法耗时

实验次数	各算法耗时（s）			
	DBSCAN	FCM	K-Means	SDPFC
1	0.0139	0.0358	0.0270	0.0330
2	0.0128	0.0318	0.0296	0.0298
3	0.0141	0.0337	0.0262	0.0322
4	0.0138	0.0325	0.0265	0.0351
5	0.0129	0.0358	0.0254	0.0325
6	0.0132	0.0334	0.0259	0.0329
7	0.0135	0.0315	0.0249	0.0332
8	0.0139	0.0324	0.0266	0.0336
9	0.0134	0.0349	0.0271	0.0332
10	0.0136	0.0338	0.0256	0.0319
平均	0.0135	0.0336	0.0266	0.0327

从表 5-1 中可以看出，DBSCAN 聚类算法耗时最短，K-Means 聚类算法因计算简单而排名第二，耗时最长的是 FCM 聚类算法，FCM 聚类算法中初始点不确定导致迭代更新的次数较多。

在比较每种算法在特定场景中的聚类精度和运行速度后，得到各算法稳定性对比如图 5-22 所示。从图 5-22 中可以看出，SDPFC 聚类算法在特定场景中的适应性较强，聚类精度较高；K-Means 聚类算法的适应性更强，但聚类精度不高；DBSCAN 聚类算法和 FCM 聚类算法的适应性相对较弱，但 DBSCAN 聚类算法的聚类精度明显高于 FCM 聚类算法。

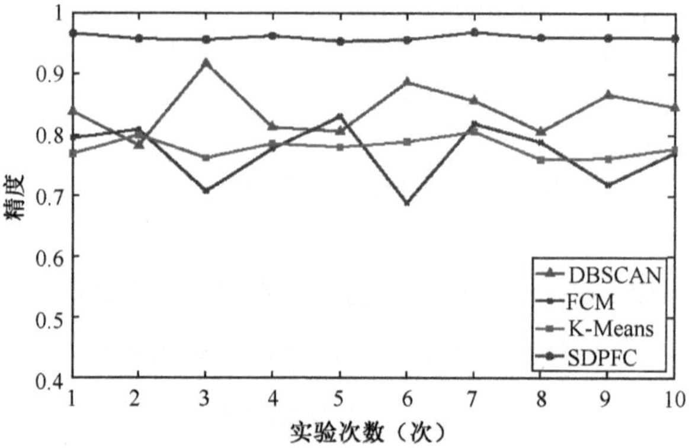

图 5-22　各算法稳定性对比

为了更好地展示 SDPFC 聚类算法的聚类结果，我们提出附加实验。统计在 1000 个场景中对相邻车辆进行聚类的准确率。每 40ms 收集一次的车辆样本点被定义为一个场景。在每个场景中，都有 2～5 辆车经过，处理雷达回波信号以获得 100～300 个样本点。将每个场景与真实图像和聚类结果进行比较，计算聚类精度。SDPFC 算法在 1000 个场景中进行聚类的准确率如图 5-23 所示。根据统计数据，在 1000 个场景中处理了 3627 辆过往车辆，以 100 个场景为一组进行判别，3537 辆车获得了正确的聚类结果。聚类的准确率约为 97.52%。

在高速公路交通场景中，SDPFC 聚类算法可以解决相邻车辆聚类结果不准确的问题，该算法耗时较短、精度较高，且对场景变化有很强的适应性。

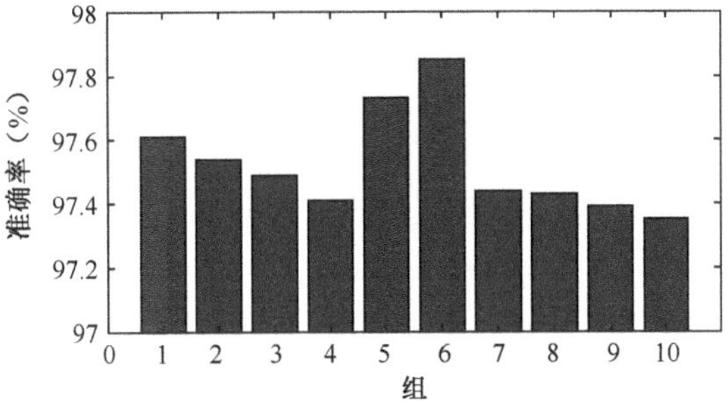

图 5-23　SDPFC 算法在 1000 个场景中进行聚类的准确率

5.3　本章小结

本章提出了一种基于主轴的密度峰值模糊聚类（SDPFC）算法，讨论了聚类算法的优势及 3 种经典聚类算法：DBSCAN 聚类算法、FCM 聚类算法和 K-Means 聚类算法，针对高速公路交通场景中的临近目标区分问题，对经典聚类算法进行改进，提出 SDPFC 聚类算法。在分析实验场景中车辆的样本点特征后发现，每个样本点聚类都有一个密度峰值。利用该特点，使用基于密度峰值的初始聚类算法得到聚类数和聚类中心，再使用基于主轴更新的模糊聚类算法得到最终的聚类结果。本章对 7 个典型场景中各算法的聚类结果进行了对比，结果表明，SDPFC 聚类算法能够解决高速公路交通场景中相邻车辆和遮挡车辆的聚类问题，具有较高的准确性、实时性和鲁棒性。

第6章

多目标跟踪算法和系统设计

本章提出了结合匈牙利指派和卡尔曼重要性采样的粒子滤波（PF）算法，将航迹关联分解为聚类和指派，通过密度聚类筛选并整合有效目标，经过匈牙利指派得到目标和航迹的最佳匹配关系，并将卡尔曼滤波和粒子滤波结合，使采样粒子分布更合理，提高估计精度和非线性跟踪能力。

本章介绍了一种 *k* 近邻联合概率数据关联（*k*NN-JPDA）算法，讨论了数据关联算法的优势及其在多目标跟踪系统中的重要性，介绍了一些使用率较高的经典数据关联算法。针对多目标跟踪存在的问题，提出了 *k*NN-JPDA 算法，将其与最近邻数据关联（NNDA）算法、联合概率数据关联（JPDA）算法进行对比，验证了 *k*NN-JPDA 算法的优越性能。

本章根据实际问题对改进算法进行整合，设计了多目标跟踪系统。在该系统中，用户可以直观地看到在实时状态下，系统通过毫米波雷达接收回波信号并完成多目标跟踪任务的过程。所设计的多目标跟踪系统通过 CSR-TS 雷达向目标发射电磁波，并接收目标反射回来的回波信号。

6.1　改进的粒子滤波算法

6.1.1　航迹关联

航迹关联指雷达在对目标进行实时跟踪时，将当前时刻雷达回波信号中检测到的目标与当前时刻已经存在的目标轨迹进行匹配。多目标航迹关联算法通常采用最近邻（Near Neighbor，NN）算法、联合概率数据关联（Joint Probability Data Association，JPDA）算法和多假设跟踪（Multiple Hypothesis Tracking，MHT）算法等，算法比较如表 6-1 所示。

表 6-1　算法比较

算法	优点	缺点
NN	计算量小 结构简单	目标密度较大时容易出现错误关联情况 需要添加其他限制

续表

算法	优点	缺点
JPDA	适应密集环境 抗杂波能力强	计算量大 在实际应用中时间性能不佳
MHT	适应密集环境 抗杂波能力强	计算量较大 过多依赖先验信息 在实际应用中时间性能不佳

雷达应用场景主要是行驶中的道路环境，因此跟踪目标为车辆，根据车辆的物理模型，可以轻易区分来自不同车辆的回波。我们将航迹关联分解为两个步骤：一是通过密度聚类筛选有效目标，将来自相同车辆的回波目标融合；二是基于 NN 算法对目标进行有效筛选，根据空间距离、速度、角度等多元信息进行加权，得到候选目标与被跟踪目标的匹配组合，将关联问题转换成指派问题并进行处理，利用匈牙利指派算法获得最优的匹配组合，完成航迹关联。

1．DBSCAN 聚类算法应用

在实际道路环境中，不可避免地会出现同一车辆有多个较强反射中心的情况，导致一辆车被检测为多个目标，目标检测场景如图 6-1 所示，目标检测结果如图 6-2 所示。

图 6-1　目标检测场景

在图 6-1 中，近处的金杯车和远处的货车都被检测为两个目标，金杯车和货车分别与图 6-2 中 5m 处和 45m 处的两个重叠的检测框对应，20m 处的两个重叠的检测框则来自两辆车。在进行多周期匹配时，航迹的稳定性与置信度会降低，影响跟踪效果。

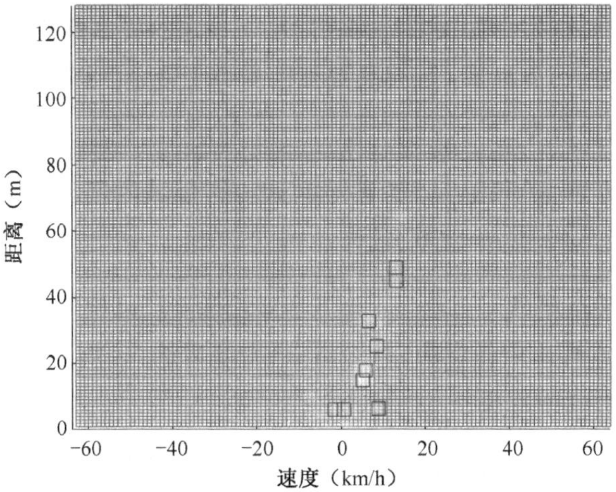

图 6-2　目标检测结果

上述问题可以通过 DBSCAN 聚类算法来解决，该算法主要利用样本的密度特征，将密度低的样本作为边界，根据密度特征和相关性将密度相连的样本归为一类。

设目标检测后的数据集为 $\boldsymbol{X}=\{\boldsymbol{x}^{(1)},\boldsymbol{x}^{(2)},\cdots,\boldsymbol{x}^{(m)}\}$，$\boldsymbol{x}^{(i)}\in R^n$，$\boldsymbol{x}^{(i)}$ 为 n 维向量，代表第 i 个目标的 n 维信息，m 为检测的目标数量。

设定截断距离 d_c，以任意目标为圆心，以截断距离 d_c 为半径，设置该目标的 ε 邻域。如果在该目标的 ε 邻域内存在 ρ 个其他目标，则该目标的局部密度为 ρ，第 i 个目标的局部密度定义为

$$\rho_i=\sum_j\chi(d_{ij}-d_c) \tag{6-1}$$

$$d_{ij}=f(R_i,R_j,V_i,V_j,\theta_i,\theta_j) \tag{6-2}$$

式中，d_{ij} 表示 $\boldsymbol{x}^{(i)}$ 与 $\boldsymbol{x}^{(j)}$ 的距离，d_c 表示截断距离，χ 表示 d_{ij} 与 d_c 的关系，

R_i、V_i、θ_i、R_j、V_j、θ_j 分别为第 i 个目标和第 j 个目标的距离、速度、角度，f 表示计算多维距离。

应用 DBSCAN 聚类算法时，需要遵循以下规则。

（1）对于样本 $\boldsymbol{x}^{(i)}$，如果其局部密度大于等于设定的样本阈值 minpts，则将样本 $\boldsymbol{x}^{(i)}$ 记为核心样本；如果其局部密度小于设定的样本阈值 minpts 且大于 0，则将样本 $\boldsymbol{x}^{(i)}$ 记为边界样本；如果其局部密度等于设定的样本阈值 minpts，则将样本 $\boldsymbol{x}^{(i)}$ 记为噪声样本。

（2）对于样本 $\boldsymbol{x}^{(i)}$ 和 $\boldsymbol{x}^{(j)}$，如果样本 $\boldsymbol{x}^{(i)}$ 的 ε 邻域内包含样本 $\boldsymbol{x}^{(j)}$，且 $\boldsymbol{x}^{(i)}$ 是核心样本，则称 $\boldsymbol{x}^{(j)}$ 由 $\boldsymbol{x}^{(i)}$ 密度直达。

（3）对于样本序列 $\boldsymbol{x}^{(1)},\boldsymbol{x}^{(2)},\cdots,\boldsymbol{x}^{(m)}$，如果样本序列中的样本均满足 $\boldsymbol{x}^{(i+1)}$ 由 $\boldsymbol{x}^{(i)}$ 密度直达，则样本中任意的 $\boldsymbol{x}^{(i)}$ 均由 $\boldsymbol{x}^{(1)}$ 密度可达。密度直达一定密度可达，密度可达不一定密度直达。

（4）对于样本 $\boldsymbol{x}^{(i)}$ 和 $\boldsymbol{x}^{(j)}$，如果至少存在一个核心样本 $\boldsymbol{x}^{(k)}$，使样本 $\boldsymbol{x}^{(i)}$ 由核心样本 $\boldsymbol{x}^{(k)}$ 密度可达且样本 $\boldsymbol{x}^{(j)}$ 由核心样本 $\boldsymbol{x}^{(k)}$ 密度可达，则称样本 $\boldsymbol{x}^{(i)}$ 和样本 $\boldsymbol{x}^{(j)}$ 密度相连。

（5）对于样本序列 $\boldsymbol{x}^{(1)},\boldsymbol{x}^{(2)},\cdots,\boldsymbol{x}^{(m)}$，如果样本序列中的样本均密度相连，则将该样本序列中所有样本的 ε 邻域内包含的样本的总集称为样本簇。

为了直观清晰地解释上述规则，设样本阈值 minpts=5，白色点为核心样本点，黑色点为非核心样本点，灰色点为噪声样本点，共有两个样本簇，箭头表示密度直达。DBSCAN 聚类算法图解如图 6-3 所示。

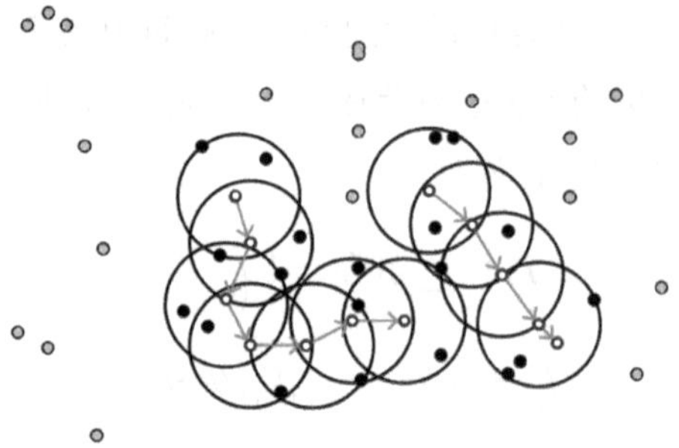

图 6-3　DBSCAN 聚类算法图解

利用 DBSCAN 聚类算法对图 6-2 中的目标检测结果进行聚类，得到聚类结果如图 6-4 所示。

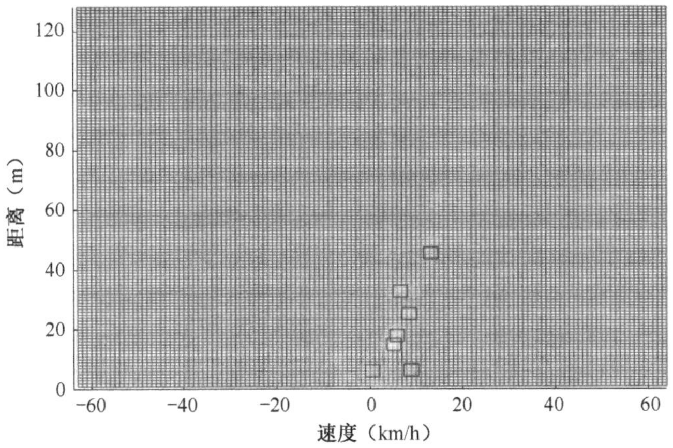

图 6-4　聚类结果

从图 6-4 中可以看出，利用 DBSCAN 聚类算法进行聚类后，来自一辆车的两个检测结果融合为一个有效目标。在实际应用中，聚类算法可以有效减小此类问题对航迹稳定性和置信度的影响，优化雷达的跟踪效果。

2. 基于匈牙利指派的航迹关联

获得有效目标后，需要将有效目标与已存在的航迹进行匹配，为滤波提供条件。雷达需要应用于存在多个目标的复杂场景，检测到的目标较多，JPDA 算法和 MHT 算法的计算量较大，无法满足实时处理需求，因此采用增加额外限制的 NN 算法进行处理，对目标运用匈牙利指派算法，提高匹配效率。

对于实际场景来说，新目标数量与已存在的航迹数量通常不相等，即 $m \neq n$ 。要将 m 个目标与 n 条航迹进行匹配，需要构建评价矩阵，以衡量目标与航迹的相似性。下面基于 NN 算法，利用有效目标的状态和已存在的航迹的状态，生成匹配协方差矩阵。

有效目标的状态包括距离、速度、角度、加速度及能量等，已存在的航迹的状态包括距离、速度、角度、加速度及能量等，匹配协方差 C_{ij} 为

$$C_{ij}=d(X_i,Z_j) \tag{6-3}$$

式中，X_i 表示第 i 个有效目标的状态，Z_j 表示上周期第 j 个航迹状态，$d(X_i,Z_j)$ 函数表示 X_i 和 Z_j 各状态（距离、速度、角度、加速度及能量）的多维空间加权欧氏距离，C_{ij} 表示第 i 个有效目标和上周期第 j 个航迹的协方差。指派评价矩阵 $\boldsymbol{C}$ 为

$$\boldsymbol{C}=\begin{bmatrix} c_{11} & c_{12} & \cdots & c_{1n} & 0 \\ c_{21} & c_{22} & \cdots & c_{2n} & 0 \\ \vdots & \vdots & & \vdots & \vdots \\ c_{m1} & c_{m2} & \cdots & c_{mn} & 0 \end{bmatrix} \tag{6-4}$$

下面将求矩阵最优解的问题转换成指派问题，指派问题可以用下列数学模型描述

$$\min z=\sum_{i,j=1}^{n} c_{ij}x_{ij} \tag{6-5}$$

$$\begin{cases} \sum_{i=1}^{n} x_{ij}=1 \\ \sum_{j=1}^{n} x_{ij}=1 \\ x_{ij}=0\text{或}x_{ij}=1 \end{cases} \tag{6-6}$$

式中，$i,j=1,2,\cdots,n$，z 为指派误差，x_{ij} 表示是否进行指派。可以基于指派评价矩阵对目标进行指派，得到最小的指派误差，利用匈牙利指派算法可以得到最优指派结果。在此基础上设定阈值，如果目标与航迹的差超过此阈值，则不进行匹配。

可以根据上周期航迹的周期数及累计误差计算上周期航迹的优先度，优先度 U_k^j 为

$$U_k^j=\frac{1}{\sqrt{2\pi}}\exp(T_k^j,E_k^j) \tag{6-7}$$

式中，k 为当前周期，值为正整数，T_k^j 为上周期第 j 个航迹的存在周期数，E_k^j 为上周期第 j 个航迹的累计误差。

设定阈值，如果U_k^j高于此阈值，则认为该航迹置信度高，优先选择对应行列的最优值作为匹配结果，并对指派评价矩阵降维，去掉航迹j所在的行和列。按照从高到低的优先度顺序进行降维，对降维后的指派评价矩阵运用匈牙利指派算法，匈牙利指派算法流程如表 6-2 所示。

表 6-2　匈牙利指派算法流程

步骤 1	指派评价矩阵 $\boldsymbol{C}$ 各行减去本行最小值，使每行必有一个零元素，得到矩阵 $\boldsymbol{C}_1$
步骤 2	矩阵 $\boldsymbol{C}_1$ 各列减去本列最小值，使每列必有一个零元素，有零元素的列无须做变换，得到矩阵 $\boldsymbol{C}_2$
步骤 3	使用最少的行线和列线将矩阵 $\boldsymbol{C}_2$ 中的所有零元素连接起来，得到矩阵 $\boldsymbol{C}_3$。如果直线数量等于矩阵维度，则直接进入步骤 5
步骤 4	找到矩阵 $\boldsymbol{C}_3$ 中行线和列线未连接的元素，这些元素减去最小元素，在行线和列线的交点处加最小值，得到矩阵 $\boldsymbol{C}_4$，令 $\boldsymbol{C}_2=\boldsymbol{C}_4$，返回步骤 2
步骤 5	从零元素最少的行或列开始，在本行或本列内选择最优值，记为匹配结果，直到所有目标指派完成

6.1.2　动目标跟踪

实现航迹关联后，将有效目标状态作为量测，将航迹状态作为目标估计进行滤波，得到更新后的目标估计，实现目标跟踪。

汽车雷达动目标跟踪通常采用卡尔曼滤波（KF）、扩展卡尔曼滤波（EKF）、无迹卡尔曼滤波（UKF）等。但在实际应用中，由于卡尔曼滤波系统是线性系统且其仅适用于处理噪声分布为高斯噪声的场景，在复杂多变的道路环境中处理能力差，无法获得良好的跟踪效果。

对于非线性、非高斯问题，粒子滤波可以得到较好的跟踪效果。粒子滤波利用粒子集的状态对目标概率进行估计，用粒子的后验概率表示其分布情况，并对粒子求期望值（取代积分运算），获得系统状态的最小方差估计。粒子滤波能够适应非线性、非高斯环境，但其稳定性不高、实时性差，不能直接应用于多目标跟踪。

本节提出一种将卡尔曼滤波与粒子滤波结合的 KF-PF 联合滤波算法，以处理复杂多变的道路环境。

1. 卡尔曼滤波

卡尔曼滤波过程中占用的系统内存很少，其具有速度快且易于实现等特点，广泛应用于雷达目标跟踪体系。卡尔曼滤波基于线性系统模型，其输入端接收来自目标检测的量测数据，经卡尔曼滤波系统处理，输出对下一时刻目标状态的预测数据，估计系统状态，并基于$k-1$时刻的状态估计$\boldsymbol{x}_{k-1}$，预测k时刻的状态变量$\hat{\boldsymbol{x}}_{k/k-1}$，由前面的检测算法可以得到$k$时刻的量测变量$\boldsymbol{z}_k$，利用量测信息对预测信息进行修正，输出$k$时刻的状态估计$\boldsymbol{x}_k$。

卡尔曼滤波的系统方程为

$$\boldsymbol{x}_k = \boldsymbol{A}_{k-1}\boldsymbol{x}_{k-1} + \boldsymbol{G}_k\boldsymbol{w}_k \tag{6-8}$$

式中，$\boldsymbol{A}_{k-1}$和$\boldsymbol{x}_{k-1}$分别为$k-1$时刻的状态矩阵和状态向量，$\boldsymbol{x}_k$、$\boldsymbol{G}_k$和$\boldsymbol{w}_k$分别为k时刻的状态矩阵、系统噪声矩阵和噪声向量，$\boldsymbol{w}_k$为过程噪声，又称系统噪声。

卡尔曼滤波量测方程为

$$\boldsymbol{z}_k = \boldsymbol{C}_k\boldsymbol{x}_k + \boldsymbol{v}_k \tag{6-9}$$

式中，$\boldsymbol{z}_k$和$\boldsymbol{v}_k$分别为k时刻的量测向量和量测噪声向量，$\boldsymbol{C}_k$和$\boldsymbol{x}_k$分别为k时刻的量测矩阵和状态向量。

卡尔曼滤波算法主要包括下列方程。

（1）状态的一步预测方程为

$$\hat{\boldsymbol{x}}_{k/k-1} = \boldsymbol{A}_{k/k-1}\boldsymbol{x}_{k-1} \tag{6-10}$$

（2）均方差的一步预测方程为

$$\boldsymbol{P}_{k/k-1} = \boldsymbol{A}_{k/k-1}\boldsymbol{P}_{k-1}\boldsymbol{A}^{\mathrm{T}}{}_{k/k-1} + \boldsymbol{G}_{k-1}\boldsymbol{Q}_{k-1}\boldsymbol{G}^{\mathrm{T}}{}_{k-1} \tag{6-11}$$

（3）滤波增益方程（权重）为

$$\boldsymbol{H}_k = \boldsymbol{P}_{k/k-1}\boldsymbol{C}_k^{\mathrm{T}}\left(\boldsymbol{C}_k\boldsymbol{P}_{k/k-1}\boldsymbol{C}_k^{\mathrm{T}} + \boldsymbol{R}_k\right)^{-1} \tag{6-12}$$

（4）滤波估计方程（k 时刻的最优值）为

$$\boldsymbol{x}_k = \hat{\boldsymbol{x}}_{k/k-1} + \boldsymbol{H}_k\left(z_k - \boldsymbol{C}_k\hat{\boldsymbol{x}}_{k/k-1}\right) \tag{6-13}$$

（5）滤波均方差更新矩阵（k 时刻的最优均方误差）为

$$\boldsymbol{P}_k = \left(1 - \boldsymbol{H}_k\boldsymbol{C}_k\right)\boldsymbol{P}_{k/k-1} \tag{6-14}$$

式（6-11）中的 $\boldsymbol{Q}_{k-1}$ 为 $k-1$ 时刻的过程噪声协方差，式（6-12）中的 $\boldsymbol{R}_k$ 为 k 时刻的量测噪声协方差。

2．基于卡尔曼重要性采样的粒子滤波

基于 KF-PF 联合滤波思想，可以将卡尔曼滤波与粒子滤波看作贝叶斯估计的应用，在概率意义上实现统一。因此，可以利用卡尔曼滤波计算量小的特点，通过卡尔曼滤波预估计的方式优化算法，采用 PF-KIS（以粒子滤波为框架，将卡尔曼滤波嵌入粒子滤波框架）算法进行实时的多目标跟踪。

本节将卡尔曼滤波预估计结果引入重要性采样，指导重要性分布生成。在完成卡尔曼滤波预估计后，重要性采样生成的粒子状态与目标的真实状态更接近，提高了估计精度，增加了有效粒子数。估计误差可以表示为

$$\left|I - \hat{I}\right| \leqslant \frac{\lambda_\alpha \sigma}{\sqrt{m}} \tag{6-15}$$

式中，I 为目标估计值，$\hat{I}$ 为粒子滤波得到的估计值，λ_α 为系数，m 为粒子数，σ 为估计方差。粒子数与计算时间具有正相关关系，在保证算法精度的前提下减少粒子数量可以缩短算法时间，并保证实时性。

算法流程如下。

（1）初始化粒子，得到粒子集 $\{\boldsymbol{x}_0^i,\ i=1,2,\cdots,N\}$ 及粒子集均值 $\hat{\boldsymbol{x}}_0^i$ 和方差 $\boldsymbol{P}_0^i$ 。

（2）建立运动状态模型

$$\begin{cases} \boldsymbol{x}_k = f(\boldsymbol{x}_{k-1}) + \boldsymbol{w}_k \\ z_k = h(\boldsymbol{x}_k) + \boldsymbol{v}_k \end{cases} \tag{6-16}$$

式（6-16）中的第一个方程为状态方程，第二个方程为量测方程，$\boldsymbol{x}_k$ 和 z_k 分别为 k 时刻目标的状态矩阵和量测矩阵，$\boldsymbol{w}_k$ 和 $\boldsymbol{v}_k$ 分别为状态噪声矩阵和量测

噪声矩阵。本节中 $\boldsymbol{x}_k$ 表示航迹状态，$\boldsymbol{z}_k$ 表示有效目标状态，函数 f 表示状态转移函数，函数 h 表示量测系统函数。

（3）利用卡尔曼滤波更新采样粒子，进行状态预测和更新，得到更新后的 $\hat{\boldsymbol{x}}_k^i$ 和 $\boldsymbol{P}_k^i$。

（4）利用卡尔曼滤波结果指导重要性采样，即根据采样函数 F_s，得到更新后的粒子集为

$$\tilde{\boldsymbol{x}}_k^i = F_s(\hat{\boldsymbol{x}}_k^i, \boldsymbol{P}_k^i) \tag{6-17}$$

（5）计算权重 $\boldsymbol{w}_k^i$，并重新计算目标状态与方差估计

$$\boldsymbol{w}_k^i = \frac{\dfrac{p\left(\boldsymbol{z}_k^i|\tilde{\boldsymbol{x}}_k^i\right)p\left(\tilde{\boldsymbol{x}}_k^i|\boldsymbol{x}_{k-1}^i\right)}{q\left(\boldsymbol{x}_k^i|\boldsymbol{x}_{k-1}^i,\boldsymbol{z}_k\right)}}{\sum\limits_{i=1}^{N}\dfrac{p\left(\boldsymbol{z}_k^i|\tilde{\boldsymbol{x}}_k^i\right)p\left(\tilde{\boldsymbol{x}}_k^i|\boldsymbol{x}_{k-1}^i\right)}{q\left(\boldsymbol{x}_k^i|\boldsymbol{x}_{k-1}^i,\boldsymbol{z}_k\right)}} \tag{6-18}$$

$$\boldsymbol{x}_k^i = \sum_{i=1}^{N}\boldsymbol{w}_k^i\tilde{\boldsymbol{x}}_k^i \tag{6-19}$$

$$\boldsymbol{P}_k^i = \sum_{i=1}^{N}\boldsymbol{w}_k^i(\tilde{\boldsymbol{x}}_k^i - \hat{\boldsymbol{x}}_k^i)(\tilde{\boldsymbol{x}}_k^i - \hat{\boldsymbol{x}}_k^i)^{\mathrm{T}} \tag{6-20}$$

（6）利用根据车辆运动模型得到的重采样规则进行重采样，规则为

$$(R',V',N) = f(R,V,\mathrm{SNR}) \tag{6-21}$$

式中，R 和 V 表示距离—速度模型的边界值，用于划分当前有效目标速度和距离的关联范围，对范围外的粒子进行重采样；SNR 表示有效目标的信噪比状态；R' 和 V'（$R'>R$，$V'>V$）表示重采样粒子在距离维度和速度维度的生成范围，重采样粒子随机分布在该范围内；N 表示重采样粒子数。R'、V' 和 N 的值随 SNR 的变化而变化。

（7）输出步骤（5）中的目标状态估计 $\boldsymbol{x}_k^i$。

算法流程如图 6-5 所示。

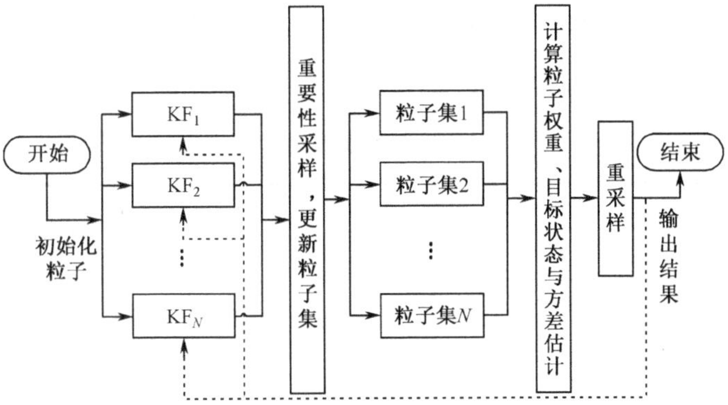

图 6-5　算法流程

6.1.3　实验对比与路测结果

本节中多目标算法的载体是毫米波汽车防撞雷达，测试场景为某三车道高速公路。雷达采集前方目标车辆的数据，对航迹关联性能进行评估，得到雷达在不同场景中的跟踪效果。

1．航迹关联算法效果

对 NN+匈牙利指派算法、JPDA 算法和 MHT 算法进行对比，对比结果如表 6-3 所示。

表 6-3　对比结果

算法	目标数量（个）	处理时间（ms）	关联正确率（%）
JPDA 算法	8	9.4	96.7
MHT 算法	8	10.2	96.9
NN+匈牙利指派算法	8	4.8	95.6
JPDA 算法	10	15.3	96.2
MHT 算法	10	16.2	96.6
NN+匈牙利指派算法	10	6.1	94.7

从表 6-3 中可以看出，在实际路测场景中，3 种关联算法的有效关联率差距不大，NN+匈牙利指派算法的处理时间明显短于 JPDA 算法和 MHT 算法，在目标数量增加时，仍能保持良好的时间性能。

对 4 个场景进行多帧统计，通过正确关联数、错误关联数、未关联数、有效关联率等指标对航迹关联算法进行评估，航迹关联算法性能比较如表 6-4 所示。

表 6-4　航迹关联算法性能比较

	场景 1	场景 2	场景 3	场景 4
周期数（个）	50	100	100	100
目标数量（个）	10	8	9	9
正确关联数（个）	394	687	678	764
错误关联数（个）	22	31	35	41
未关联数（个）	64	82	87	95
有效关联率（%）	94.7	95.6	95.1	94.7

未关联表示经过指派的目标与航迹差异较大而无法关联的情况，有效关联率=正确关联数/（正确关联数+错误关联数）。

表 6-4 中 4 个场景的平均有效关联率均在 95%左右，表明航迹关联算法可以在多目标场景中有效匹配目标与航迹，具有较好的实际关联效果。

2．动目标跟踪算法效果

将变速变道行驶场景作为滤波算法的测试场景，将 PF-KIS 算法与常用的 KF 算法和 PF 算法进行对比。

模拟车辆向左前方加速行驶的不规则运动轨迹，对该轨迹进行跟踪，KF 算法、PF 算法、PF-KIS 算法的跟踪效果对比如图 6-6 所示，KF 算法、PF 算法、PF-KIS 算法的跟踪误差对比如图 6-7 所示。

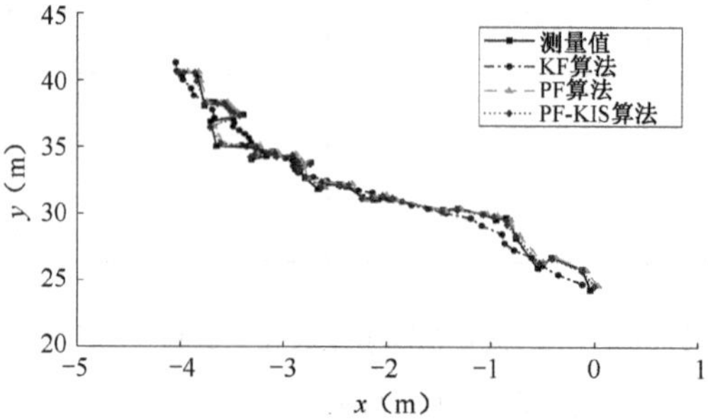

图 6-6　KF 算法、PF 算法、PF-KIS 算法的跟踪效果对比

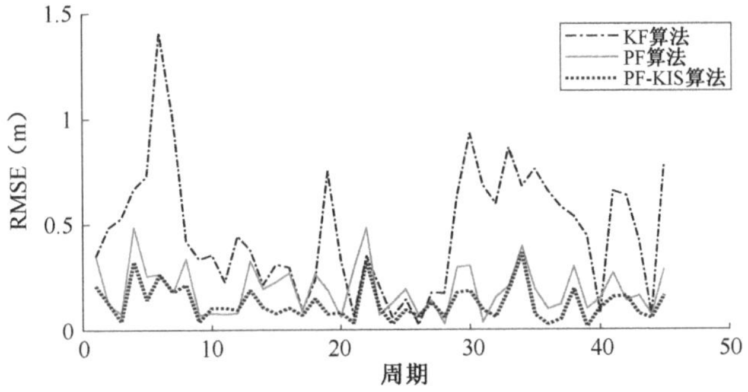

图 6-7　KF 算法、PF 算法、PF-KIS 算法的跟踪误差对比

从图 6-7 中可以看出，在很多情况下 KF 算法的跟踪误差大于 0.5m，精度较低，不符合实际要求；相比之下，PF 算法和 PF-KIS 算法的平均误差远小于 KF 算法，PF-KIS 算法的平均误差略小于 PF 算法。结果表明，PF-KIS 算法的效果优于 KF 算法与 PF 算法。

对 PF 算法、PF-KIS 算法进行比较，PF 算法与 PF-KIS 算法在不同目标数量下的处理时间和跟踪误差比较结果如表 6-5 所示。

表 6-5　PF 算法与 PF-KIS 算法在不同目标数量下的处理时间和跟踪误差比较结果

算法	目标数量（个）	处理时间（ms）	跟踪误差（m）
PF 算法	50	0.97	0.4957
PF-KIS 算法	50	0.66	0.3417
PF 算法	100	1.93	0.4141
PF-KIS 算法	100	1.08	0.2832
PF 算法	150	3.19	0.3225
PF-KIS 算法	150	1.94	0.2245

从表 6-5 中可以看出，当目标数量相同时，PF-KIS 算法的处理时间明显短于 PF 算法；有 50 个目标时的 PF-KIS 算法与有 150 个目标时的 PF 算法的跟踪误差相差不大，而前者的处理时间约为后者的 1/5。因此，PF-KIS 算法具有更好的跟踪效果，实时性更强。

3. 实际路测结果

测试设备：PC、雷达、摄像机等。

测试地点：某三车道高速公路。

实际路测时，上位机同时显示画面、速度—距离二维图、当前周期检测到的目标、置信度较高的航迹，测试界面如图 6-8 所示。

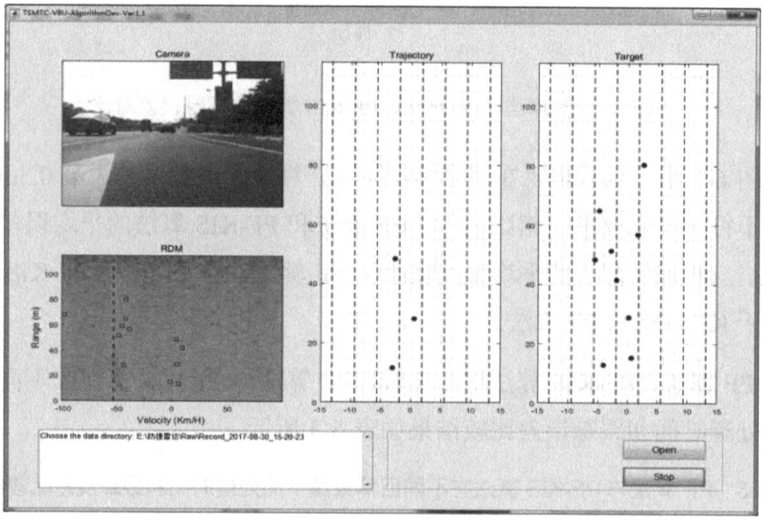

图 6-8 测试界面

雷达可以很好地区分目标，并准确得到目标的位置、运动状态等，满足实时性要求，达到预期状态，符合前向防撞雷达的需求。

实验中分析了多个场景的路测结果，主要有直线行驶场景、变道行驶场景、弯道行驶场景和多目标场景。令目标数量为 50 个，记录 PF-KIS 算法在某段时间内对目标的跟踪轨迹，不同场景中的单目标路测结果如图 6-9 所示。

图 6-9 展示了单目标在直线行驶场景、变道行驶场景和弯道行驶场景中的跟踪效果。因为目标反射面主要为横向，所以跟踪会有一定的横向波动，直线行驶场景中的车辆跟踪结果有一定程度的弯曲；在变道行驶场景和弯道行驶场景中，由于车辆本身存在横向位移，航迹横向波动并不明显。在以上 3 种场景中，目标航迹连续且稳定，具有良好的场景适应性。

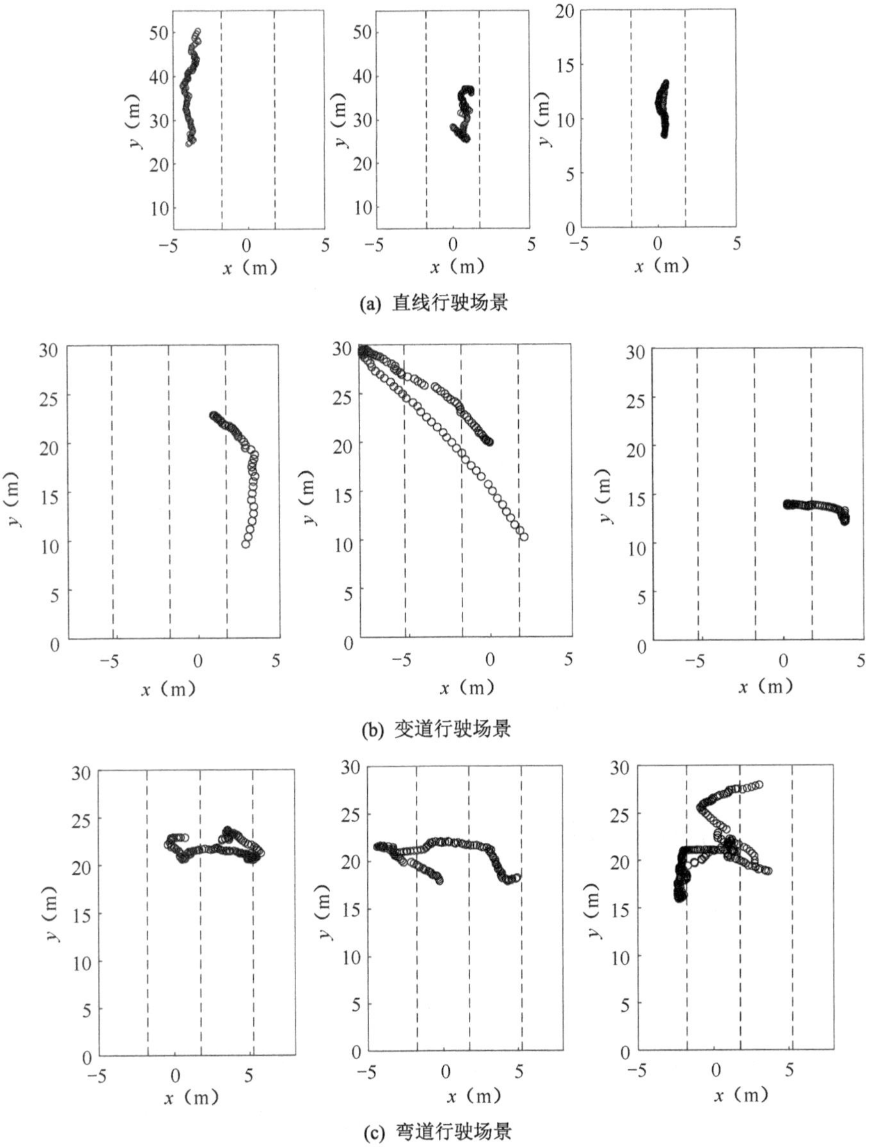

(a) 直线行驶场景

(b) 变道行驶场景

(c) 弯道行驶场景

图 6-9　不同场景中的单目标路测结果

多目标场景中的路测结果如图 6-10 所示。

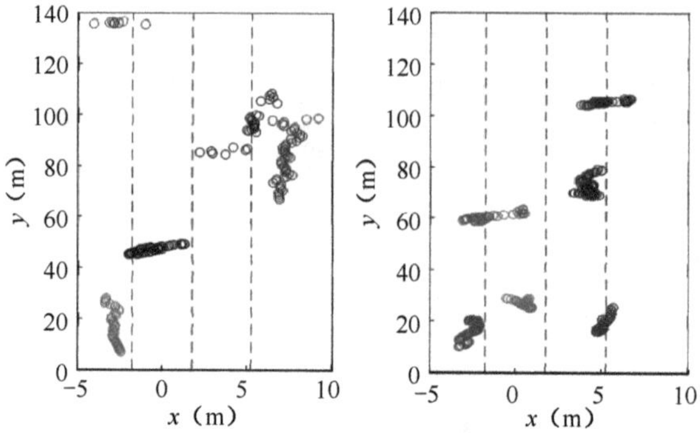

图 6-10　多目标场景中的路测结果

从图 6-10 中可以看出，在多目标场景中，算法可以很好地区分目标，准确表现各目标的运动状态，且航迹稳定，具有良好的多目标跟踪性能，为安全预警提供了必要条件。

6.2　数据关联算法

6.2.1　最近邻数据关联算法

数据关联算法的作用是将当前时刻的观测点与预测点关联。关联成功的样本点会继续使用，关联失败的样本点将不再使用。样本点之间的关联伴随着样本点和航迹之间的关联，因此数据关联过程和滤波预测过程需要同时进行。

最近邻数据关联（NNDA）算法是一种简单且快速的数据关联算法，需要建立关联波门，关联波门可以自动生成，主要依据是将预测点作为波门的中心，关联波门内必须包含目标的真实观测点，以波门为依据，不在波门内的点均被判断为杂波或虚警信号，这些点与航迹不相关。利用卡尔曼滤波对目标位置进行预测，此时观测点与预测点的归一化统计距离 d_{ij}^2 为

$$d_{ij}^2 = \boldsymbol{e}_{ij}(k)\boldsymbol{S}_{ij}^{-1}(k)\boldsymbol{e}_{ij}^{\mathrm{T}}(k) \tag{6-22}$$

式中，i 表示第 i 个目标，j 表示第 j 个观测点，$\boldsymbol{e}_{ij}(k)$ 为残差，即观测误差

矩阵，$\boldsymbol{e}_{ij}(k)$ 的协方差矩阵是 $\boldsymbol{S}_{ij}(k)$。k 时刻的残差为 k 时刻的观测值 $\boldsymbol{Z}_j(k)$ 与预测值 $\hat{\boldsymbol{Z}}_i(k\,|\,k-1)$ 的差。

观测点落入关联波门内应满足

$$d_{ij}^2 \leqslant \gamma \tag{6-23}$$

式中，γ 根据实际情况确定。

将式（6-22）展开得

$$d_{ij}^2 = [\boldsymbol{Z}_j(k) - \hat{\boldsymbol{Z}}_i(k\,|\,k-1)]\boldsymbol{S}_{ij}^{-1}(k)[\boldsymbol{Z}_j(k) - \hat{\boldsymbol{Z}}_i(k\,|\,k-1)]^{\mathrm{T}} \tag{6-24}$$

关联过程主要有两种情况：①如果关联波门内只有一个观测点，则不需要判断，认为该观测点就是真实的观测点，直接利用该观测点进行下一步操作；②如果有不止一个样本点在关联波门内，则要计算落入关联波门内的全部观测点与预测点之间的统计距离，选择最接近预测位置的观测点作为有效点，使统计距离 d_{ij}^2 最小，利用其有效信息更新航迹。最近邻数据关联算法的关联方式如图 6-11 所示。

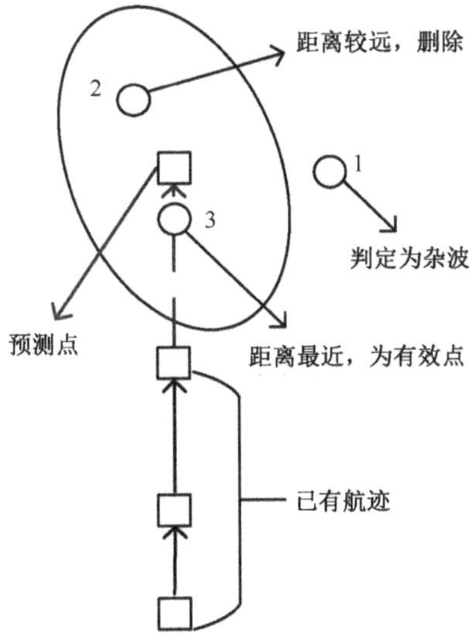

图 6-11　最近邻数据关联算法的关联方式

6.2.2 联合概率数据关联算法

联合概率数据关联（JPDA）算法由 Bar-Shalom 提出，该算法利用了概率的思想，由 PDA 算法发展而来，PDA 算法在单目标数据关联时的准确率较高，但它没有考虑到观测点在多目标的关联波门相交区域中的情况，因此在多目标情况下，PDA 算法无法准确地进行数据关联。JPDA 算法考虑了所有情况，将观测点来自杂波或目标的所有事件联合，构成联合事件，计算联合事件的概率，选择概率最大的事件对航迹进行修正。因此，JPDA 算法适用于杂波环境下的多目标跟踪，解决了 PDA 算法容易跟丢或跟错的问题。

JPDA 算法步骤如下。

构建确认矩阵

$$\boldsymbol{\Omega}=[\omega_{jt}]=\begin{bmatrix}\omega_{10} & \omega_{11} & \omega_{12} & \cdots & \omega_{1T}\\ \omega_{20} & \omega_{21} & \omega_{22} & \cdots & \omega_{2T}\\ \vdots & \vdots & \vdots & & \vdots\\ \omega_{m_k0} & \omega_{m_k1} & \omega_{m_k2} & \cdots & \omega_{m_kT}\end{bmatrix} \tag{6-25}$$

式中，j 表示观测点（$j=1,2,\cdots,m_k$），t 表示目标（$t=0,1,\cdots,T$），$\omega_{jt}=1$ 表示观测点 j 落入目标 t 的关联波门内，$\omega_{jt}=0$ 则相反；m_k 为有效观测点数量，T 为目标数量，$\boldsymbol{\Omega}$ 的第一列表示各观测点可能源于背景杂波，第一列所有元素为 1。

设 $\theta(k)$ 为 k 时刻全部联合事件的集合，用 n_k 表示联合事件的数量，则有

$$\theta(k)=\{\theta_i(k)\}_{i=1}^{n_k} \tag{6-26}$$

将式（6-25）拆分得到互联矩阵

$$\hat{\boldsymbol{\Omega}}[\theta_i(k)]=\left(\hat{\omega}_{jt}^i\right)=\begin{bmatrix}\hat{\omega}_{10}^i & \hat{\omega}_{11}^i & \hat{\omega}_{12}^i & \cdots & \hat{\omega}_{1T}^i\\ \hat{\omega}_{20}^i & \hat{\omega}_{21}^i & \hat{\omega}_{22}^i & \cdots & \hat{\omega}_{2T}^i\\ \vdots & \vdots & \vdots & & \vdots\\ \hat{\omega}_{m_k0}^i & \hat{\omega}_{m_k1}^i & \hat{\omega}_{m_k2}^i & \cdots & \hat{\omega}_{m_kT}^i\end{bmatrix} \tag{6-27}$$

$\hat{\omega}_{jt}^i$ 为二值元素，当观测点 j 源于目标 t 时取值为 1，否则为 0。

设观测点 j 源于目标 t 的事件为 $\theta_{jt}(k)$，观测点 j 源于背景杂波的事件为 $\theta_{0t}(k)$，则观测点与目标互联的概率 $\beta_{jt}(k)$ 为

$$\beta_{jt}(k)=P\left\{\theta_{jt}(k)\mid \boldsymbol{Z}^k\right\} \tag{6-28}$$

式中，$\boldsymbol{Z}^k$ 为从航迹开始到 k 时刻落入关联波门内的所有回波。由式（6-28）可知

$$\sum_{j=0}^{m_k}\beta_{jt}(k)=1 \tag{6-29}$$

设 k 时刻目标 t 的状态估计为 $\hat{\boldsymbol{X}}^t(k\mid k)$，其表达式为

$$\begin{aligned}\hat{\boldsymbol{X}}^t(k\mid k)&=E\left[\boldsymbol{X}^t(k)\mid \boldsymbol{Z}^k\right]\\&=\sum_{j=0}^{m_k}E\left[\boldsymbol{X}^t(k)\mid \theta_{jt}(k),\boldsymbol{Z}^k\right]P\left\{\theta_{jt}(k)\mid \boldsymbol{Z}^k\right\}\\&=\sum_{j=0}^{m_k}\hat{\boldsymbol{X}}^t_j(k\mid k)\beta_{jt}(k)\end{aligned} \tag{6-30}$$

k 时刻通过滤波得到的第 j 个观测点与目标 t 的状态估计为

$$\hat{\boldsymbol{X}}^t_j(k\mid k)=E\left[\boldsymbol{X}^t(k)\mid \theta_{jt}(k),\boldsymbol{Z}^k\right] \tag{6-31}$$

因此，互联的概率 $\beta_{jt}(k)$ 为

$$\begin{aligned}\beta_{jt}(k)&=P\left\{\theta_{jt}(k)\mid \boldsymbol{Z}^k\right\}\\&=P\left\{\bigcup\nolimits_{i=1}^{n_k}\theta^i_{jt}(k)\mid \boldsymbol{Z}^k\right\}\\&=\sum_{i=1}^{n_k}\hat{\omega}^i_{jt}P\left\{\theta_i(k)\mid \boldsymbol{Z}^k\right\}\end{aligned} \tag{6-32}$$

k 时刻的状态估计协方差为

$$P^t_j\left(k\mid k\right)=E\left\{\left[\boldsymbol{X}^t(k)-\hat{\boldsymbol{X}}^t_j(k\mid k)\right]\left[\boldsymbol{X}^t(k)-\hat{\boldsymbol{X}}^t_j(k\mid k)\right]^{\mathrm{T}}\mid \theta_{jt}(k),\boldsymbol{Z}^k\right\} \tag{6-33}$$

由卡尔曼滤波得

$$P^t_j\left(k\mid k\right)=P^t\left(k\mid k-1\right)-\boldsymbol{K}^t(k)\boldsymbol{S}^t(k)\boldsymbol{K}^{t'}(k) \tag{6-34}$$

式中，$\boldsymbol{K}^t(k)$ 为增益矩阵，$\boldsymbol{S}^t(k)$ 为新息协方差矩阵。联合概率数据关联算法的关联方式如图 6-12 所示。

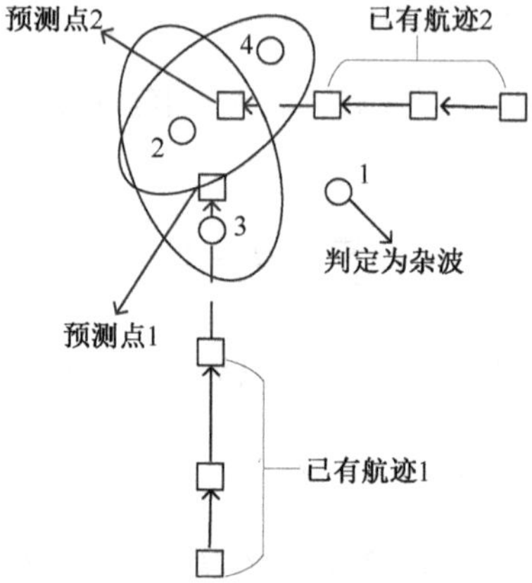

图 6-12　联合概率数据关联算法的关联方式

6.2.3　*k* 近邻联合概率数据关联算法

为达到交通监视雷达对车辆跟踪精度和运行效率的要求，本节对多目标跟踪数据关联算法进行改进，结合 NNDA 算法和 JPDA 算法的优点，提出了 *k* 近邻联合概率数据关联算法，该算法流程如下。

（1）筛选出观测数据中与各目标车辆的预测点关联的观测点，每个目标车辆当前时刻的预测点根据上一时刻的观测数据确定。雷达在检测目标车辆时，除了会接收目标车辆的回波信号，还会接收噪声、杂波或干扰信号。因此，为了减小计算量，提高车辆跟踪准确率，在利用观测数据对车辆进行跟踪前，需要判断观测数据中的观测点是否有效。

（2）利用 NNDA 算法选择预测点中心，创建关联波门，基于各关联波门的预设阈值，根据当前时刻观测数据中各观测点到目标车辆的预测点的距离，确定当前时刻落入各关联波门内的观测点。在选择关联波门阈值时，需要使关联波门内包含目标车辆真实的观测点，不在波门内的点均被判定为杂波或虚警信号，这些点与航迹不相关。利用卡尔曼滤波对目标车辆的位置进行预测，此时观测点与预测点的归一化统计距离为

$$d_{ji}^2 = \boldsymbol{e}_{ji}(t)\boldsymbol{S}_{ji}^{-1}(t)\boldsymbol{e}_{ji}^{\mathrm{T}}(t) \tag{6-35}$$

式中，d_{ji}^2 为第 j 个观测点到第 i 个目标车辆的预测点的统计距离；$\boldsymbol{e}_{ji}(t)$ 为残差，即观测误差矩阵，是 t 时刻的观测值 $\boldsymbol{Z}_j(t)$ 与预测值 $\hat{\boldsymbol{Z}}_i(t|t-1)$ 的差；$\boldsymbol{S}_{ji}(t)$ 为 $\boldsymbol{e}_{ji}(t)$ 的协方差矩阵。

观测点落入关联波门内应满足

$$d_{ji}^2 \leqslant \gamma \tag{6-36}$$

式中，γ 根据实际情况确定。

将式（6-36）展开得

$$d_{ji}^2 = [\boldsymbol{Z}_j(t) - \hat{\boldsymbol{Z}}_i(t|t-1)]\boldsymbol{S}_{ji}^{-1}(t)[\boldsymbol{Z}_j(t) - \hat{\boldsymbol{Z}}_i(t|t-1)]^{\mathrm{T}} \tag{6-37}$$

计算所有观测点与当前目标车辆的预测点的统计距离 d_{ji}^2，如果 $d_{ji}^2 \leqslant \gamma$，则标记为有效观测点，并保存其全部信息；如果 $d_{ji}^2 > \gamma$，则判定其为杂波，直接滤除。

（3）根据筛选出的观测点与目标车辆的预测点之间的关联关系，构建第一预聚合矩阵，第一预聚合矩阵的一行代表观测数据中的一个观测点，第一预聚合矩阵的一列代表一个目标车辆的预测点。

设观测点数量为 m_k，j 表示观测点($j=1,2,\cdots,m_k$)；目标车辆的预测点数量为 I，i 表示目标车辆的预测点($i=0,1,\cdots,I$)，$i=0$ 表示第 0 个目标车辆，即背景杂波。为了实现对观测点的筛选，这里引入统计距离权重，根据筛选出的各观测点与预测点的关联关系，构建第一预聚合矩阵。

（4）计算各观测点到预测点的统计距离权重，并按照统计距离权重从小到大的顺序对第一预聚合矩阵的各行进行排序，得到排序后的第二预聚合矩阵。

各观测点到预测点的统计距离权重为

$$p(d_{ji}^2) = \frac{d_{ji}^2}{\sum_{j=1}^{m_k} d_{ji}^2} \tag{6-38}$$

式中，$p(d_{ji}^2)$ 表示第 j 个观测点到第 i 个目标车辆的预测点的统计距离权重；m_k 表示观测点的数量；I 表示预测点的数量；d_{ji}^2 表示第 j 个观测点到第 i 个目标车辆的预测点的统计距离。以第 j 个观测点到第 i 个目标车辆的预测点之间最

小的统计距离 d_{ji}^2 作为计算标准。

第一预聚合矩阵 $\boldsymbol{\varDelta}$ 为

$$\boldsymbol{\varDelta}=\left[d_{ji}^2 \mid p(d_{ji}^2)\right]=\left[\begin{array}{cccc|c}\omega_{11} & \omega_{12} & \cdots & \omega_{1I} & p(d_{1i}^2)\\ \omega_{21} & \omega_{22} & \cdots & \omega_{2I} & p(d_{2i}^2)\\ \vdots & \vdots & & \vdots & \vdots\\ \omega_{m_kI} & \omega_{m_kI} & \cdots & \omega_{m_kI} & p(d_{m_ki}^2)\end{array}\right] \tag{6-39}$$

式中，ω_{ji} 表示第 j 个观测点与第 i 个目标车辆的预测点的关联关系。对于第一预聚合矩阵 $\boldsymbol{\varDelta}$ 中的每个元素，如果 $d_{ji}^2 \leqslant \gamma$，则 $\omega_{ji}=1$；如果 $d_{ji}^2 > \gamma$，则 $\omega_{ji}=0$。

第二预聚合矩阵 $\boldsymbol{\varDelta}'$：

$$\boldsymbol{\varDelta}'=\left[d_{ji}^2 \mid p(d_{ji}^2)\right]=\left[\begin{array}{cccc|c}\omega_{11} & \omega_{12} & \cdots & \omega_{1I} & p(d_{1i}^2)\\ \vdots & \vdots & & \vdots & \vdots\\ \omega_{k1} & \omega_{k2} & \cdots & \omega_{kI} & p(d_{ki}^2)\\ \vdots & \vdots & & \vdots & \vdots\\ \omega_{m_k1} & \omega_{m_k2} & \cdots & \omega_{m_kI} & p(d_{m_ki}^2)\end{array}\right] \tag{6-40}$$

这里假设统计距离权重的顺序为 $p(d_{1i}^2)\leqslant\cdots\leqslant p(d_{ki}^2)\leqslant\cdots\leqslant p(d_{m_ki}^2)$，在实际应用中，按照统计距离权重实际值排序即可。

（5）提取第二预聚合矩阵中排序在前预设行数的元素，得到聚合矩阵，聚合矩阵的行数大于等于目标车辆的预测点数量，小于等于观测点数量。

用 a 表示筛选出的观测点数量，应满足 $I\leqslant a\leqslant m_k$，即筛选出的观测点数量大于等于目标车辆的预测点数量；提取第二预聚合矩阵 $\boldsymbol{\varDelta}'$ 左侧矩阵的前 a 行，并将第一列设为 1，表示观测源于背景杂波，得到聚合矩阵为

$$\boldsymbol{\Omega}=\begin{bmatrix}\omega_{10} & \omega_{11} & \omega_{12} & \cdots & \omega_{1I}\\ \omega_{20} & \omega_{21} & \omega_{22} & \cdots & \omega_{2I}\\ \vdots & \vdots & \vdots & & \vdots\\ \omega_{k0} & \omega_{k1} & \omega_{k2} & \cdots & \omega_{kI}\end{bmatrix} \tag{6-41}$$

式中，ω_{ji} 表示第 j 个观测点与第 i 个目标车辆的预测点的关联关系；如果第 j 个观测点源于第 i 个目标车辆的预测点，则 $\omega_{ji}=1$；如果第 j 个观测点不源于第 i 个目标车辆的预测点，则 $\omega_{ji}=0$；$\boldsymbol{\Omega}$ 的第一列元素为 1，表示观测点源

于背景杂波。

（6）根据聚合矩阵构建多个聚合关系矩阵，每个聚合关系矩阵中的每个观测点仅关联一个目标车辆的预测点或背景杂波。

设 t 时刻所有可能的聚合相关事件为 $\theta(t)=\{\theta_m(t)\}_{m=1}^{n_t}$，$n_t$ 表示 $\theta(t)$ 中元素的数量，即 t 时刻聚合相关事件的数量，$\theta_m(t)$ 为

$$\theta_m(t)=\bigcap_{j=1}^{m_k}\theta_{ji}^m(t) \tag{6-42}$$

式（6-42）表示在第 m 个聚合相关事件（$m=1,2,\cdots,m_k$）中，m_k 个观测点与各目标车辆的预测点匹配的可能，$\theta_{ji}^m(t)$ 表示在第 m 个聚合相关事件中，观测点 j 源于目标车辆的预测点 i 的事件，$\theta_{j0}^m(t)$ 表示观测点 j 源于背景杂波或虚警的事件。

t 时刻第 j 个观测点与第 i 个目标车辆的预测点聚合相关事件为

$$\theta_{ji}(t)=\bigcup_{m=1}^{n_t}\theta_{ji}^m(t) \tag{6-43}$$

$\theta_m(t)$ 可以用聚合关系矩阵表示

$$\hat{\boldsymbol{\Omega}}\left[\theta_m(t)\right]=[\hat{\omega}_{ji}^m]=\begin{bmatrix}\hat{\omega}_{10}^m & \hat{\omega}_{11}^m & \hat{\omega}_{12}^m & \cdots & \hat{\omega}_{1I}^m \\ \hat{\omega}_{20}^m & \hat{\omega}_{21}^m & \hat{\omega}_{22}^m & \cdots & \hat{\omega}_{2I}^m \\ \vdots & \vdots & \vdots & & \vdots \\ \hat{\omega}_{m_k 0}^m & \hat{\omega}_{m_k 1}^m & \hat{\omega}_{m_k 2}^m & \cdots & \hat{\omega}_{m_k I}^m\end{bmatrix} \tag{6-44}$$

$\hat{\boldsymbol{\Omega}}$ 要确保每行元素中只有一个非 0 值，表示每个观测点只有一个来源，源于某目标车辆的预测点或背景杂波，$i=0$ 表示第 0 个目标车辆，即背景杂波；除了第一列，$\hat{\boldsymbol{\Omega}}$ 的每列元素中最多有一个元素的值为 1，表示一个目标车辆的预测点最多有一个观测点以其为源头；$\hat{\boldsymbol{\Omega}}$ 的第一列可以有多个元素的值为 1，表示可以有多个观测点源于背景杂波；$\hat{\omega}_{ji}^m$ 为二值元素，当第 j 个观测点源于第 i 个目标车辆的预测点时取值为 1，否则取值为 0。

（7）计算当前时刻各聚合关系矩阵的概率，并筛选出最大概率的聚合关系矩阵中所有与目标车辆的预测点关联的观测点，对筛选出的观测点进行卡尔曼滤波，预测目标车辆下一时刻预测点的位置。

每个聚合关系矩阵代表一个聚合相关事件，即当前时刻聚合关系矩阵中所

有观测点与目标车辆的预测点或背景杂波的关系，计算当前时刻各聚合关系矩阵在当前时刻所有聚合关系矩阵中出现的概率，获取最大概率的聚合关系矩阵。最大概率的聚合关系矩阵代表当前时刻聚合关系矩阵中所有观测点源于预测点或背景杂波的事件集合的最大概率，因而可以以最大概率的聚合关系矩阵为依据，确定最大概率的聚合关系矩阵中所有观测点的来源（源于目标车辆或背景杂波），筛选出最大概率的聚合关系矩阵中所有与目标车辆的预测点关联的观测点，对筛选出的观测点进行卡尔曼滤波，得到目标车辆下一时刻预测点的位置。

设第 j 个观测点源于第 i 个目标车辆的预测点的事件为 $\theta_{ji}(t)$，设第 j 个观测点源于背景杂波的事件为 $\theta_{0i}(t)$。此时观测点与目标车辆的预测点聚合相关的概率 $\beta_{ji}(t)$ 为

$$\beta_{ji}(t)=P\left\{\theta_{ji}(t)\,|\,\boldsymbol{Z}^t\right\} \tag{6-45}$$

式中，$\boldsymbol{Z}^t$ 为从航迹开始到 t 时刻落入关联波门内的所有回波。由式（6-45）可知

$$\sum_{j=1}^{m_k}\beta_{ji}(t)=1 \tag{6-46}$$

在式（6-45）中有

$$P\{\theta_{ji}(t)\,|\,\boldsymbol{Z}^t\}=\frac{\lambda^{\phi}}{c^i}\prod_{j=1}^{m_k}\{N_{i_j}[Z_j(t)]\}^{\tau_j[\theta_{ji}(t)]}\prod_{i=1}^{N_\tau}(P_D)^{\delta_i}(1-P_D)^{1-\delta_i} \tag{6-47}$$

式中，P_D 为检测概率，N_τ 为轨迹数量；$N_{i_j}[Z_j(t)]$ 表示与某目标车辆的预测点关联的观测点服从高斯分布；λ 为错误观测点的密度；ϕ 为杂波数量；c^i 是一个归一化常数；δ_i 是一个二进制量，即在聚合相关事件 $\theta_{ji}(t)$ 中是否存在与目标车辆的预测点互联的观测点，如果存在，则 δ_i 为 1，如果不存在，则 δ_i 为 0；τ_j 是一个二进制量，表示第 j 个观测点在聚合相关事件中是否与一个真实的目标车辆的预测点关联，如果是，则 τ_j 为 1，如果不是，则 τ_j 为 0。

设 t 时刻通过滤波得到的第 j 个观测点源于第 i 个目标车辆的预测点的状态估计 $\hat{\boldsymbol{X}}_j^i(t\,|\,t)$（当前时刻目标车辆预测点的位置）为

$$\hat{\boldsymbol{X}}_j^i(t\,|\,t)=E\left[\boldsymbol{X}^i(t)\,|\,\theta_{ji}(t),\boldsymbol{Z}^t\right] \tag{6-48}$$

t 时刻第 i 个目标车辆的状态估计 $\hat{\boldsymbol{X}}^i(t\,|\,t)$（当前时刻目标车辆的位置）为

$$\begin{aligned}\hat{\boldsymbol{X}}^i(t|t)&=E\left[\boldsymbol{X}^i(t)|\boldsymbol{Z}^t\right]\\&=\sum_{j=1}^{m_k}E\left[\boldsymbol{X}^i(t)|\theta_{ji}(t),\boldsymbol{Z}^t\right]P\left\{\theta_{ji}(t)|\boldsymbol{Z}^t\right\}\\&=\sum_{j=1}^{m_k}\hat{\boldsymbol{X}}^i_j(t|t)\beta_{ji}(t)\end{aligned}\tag{6-49}$$

$t+1$ 时刻第 j 个观测点源于第 i 个目标车辆的预测点的预测估计 $\hat{\boldsymbol{X}}^i_j(t+1|t)$ 为

$$\hat{\boldsymbol{X}}^i_j(t+1|t)=\boldsymbol{A}\hat{\boldsymbol{X}}^i_j(t|t)+\boldsymbol{BU}(t)\tag{6-50}$$

式中，A 和 B 分别表示状态转移矩阵和状态控制矩阵。

$t+1$ 时刻第 j 个观测点源于第 i 个目标车辆的预测点的状态估计 $\hat{\boldsymbol{X}}^i_j(t+1|t+1)$ 为

$$\hat{\boldsymbol{X}}^i_j(t+1|t+1)=\hat{\boldsymbol{X}}^i_j(t+1|t)+K^i(t)\left[\boldsymbol{Z}^t-\hat{\boldsymbol{X}}^i_j(t+1|t)\right]\tag{6-51}$$

t 时刻的协方差的更新过程为

$$\begin{aligned}P^i(t|t)=&P^i(t|t-1)-(1-\beta_{0i})\boldsymbol{K}^i(t)\boldsymbol{S}^i(t)\left[\boldsymbol{K}^i(t)\right]^{\mathrm{T}}+\\&\sum_{j=1}^{m_k}\beta_{ji}(t)\left\{\hat{\boldsymbol{X}}^i_j(t|t)\left[\hat{\boldsymbol{X}}^i_j(t|t)\right]^{\mathrm{T}}-\hat{\boldsymbol{X}}^i(t|t)\left[\hat{\boldsymbol{X}}^i_0(t|t)\right]^{\mathrm{T}}\right\}\end{aligned}\tag{6-52}$$

式中，$\boldsymbol{K}^i(t)$ 为增益矩阵，$\boldsymbol{S}^i(t)$ 为新息协方差矩阵。

k 近邻联合概率数据关联算法的关联方式如图 6-13 所示。

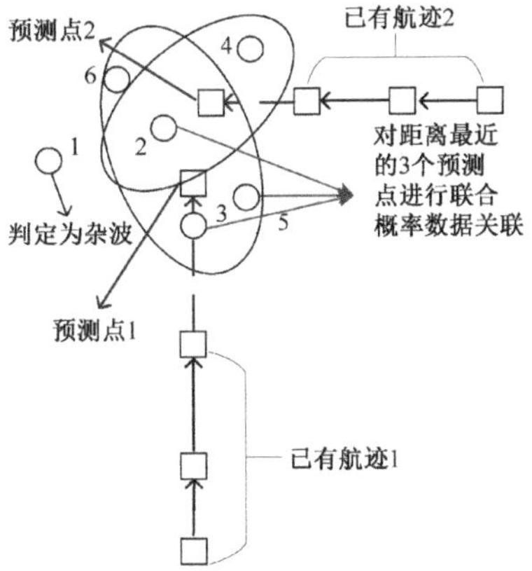

图 6-13　k 近邻联合概率数据关联算法的关联方式

（8）循环执行前 7 个步骤，即可通过数据关联完成对多目标跟踪。

k 近邻联合概率数据关联算法流程如图 6-14 所示。

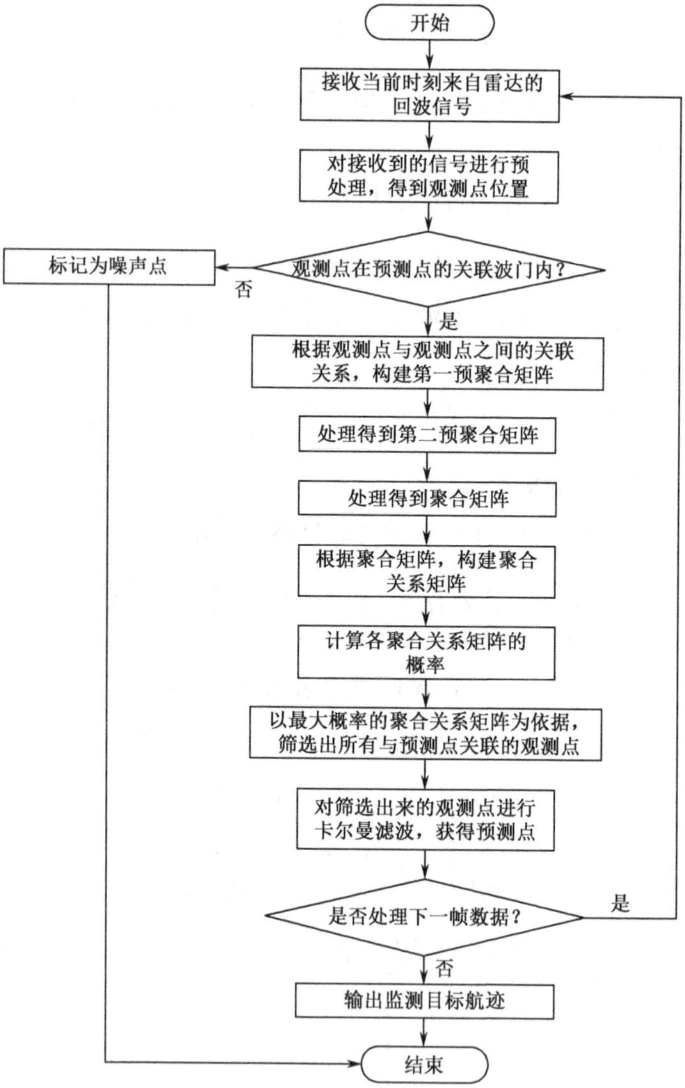

图 6-14　k 近邻联合概率数据关联算法流程

6.2.4　实验设计

在某四车道公路上，对 k 近邻联合概率数据关联算法进行测试，实验中使用的测试数据由北京川速微波科技有限公司的 CSR-TS 雷达检测得到。在实验中，参数 k 选取为 3。

这里设计的运动模型是多目标运动模型，且环境中存在杂波。假设有两个运动目标在二维平面上做轨迹有交叉的匀速直线运动，检测概率 $p_d = 1$，门概率 $p_g = 0.99$，关联波门阈值 $\gamma = 16$，采样周期 $T = 1\text{s}$，采样次数 $n = 50$ 次，观测过程中的噪声是高斯白噪声，该噪声的协方差已知且均值为零。

目标 1 的初始位置为(50m, 150m)，初始速度为(40m/s, 30m/s)，目标 2 的初始位置为(1000m, 150m)，初始速度为(−20m/s, 40m/s)，两个运动目标均在直角坐标系中做匀速直线运动。采用 50 次蒙特卡洛仿真实验对比 NNDA 算法、JPDA 算法和 kNN-JPDA 算法的结果。

1. 实验 1

多目标跟踪结果如图 6-15 所示。通过 RMSE 对算法精度进行比较，3 种算法的 RMSE 对比如图 6-16 所示。为了在数据上体现差别，每 10s 计算一次 RMSE 的平均值，得到 3 种算法的 RMSE 统计表如表 6-6 所示。

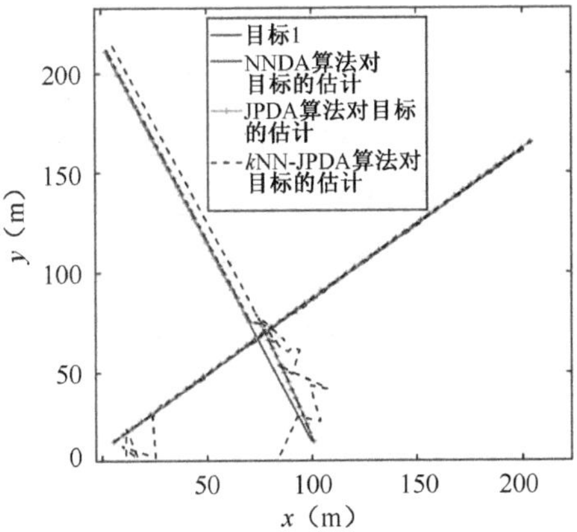

图 6-15　多目标跟踪结果

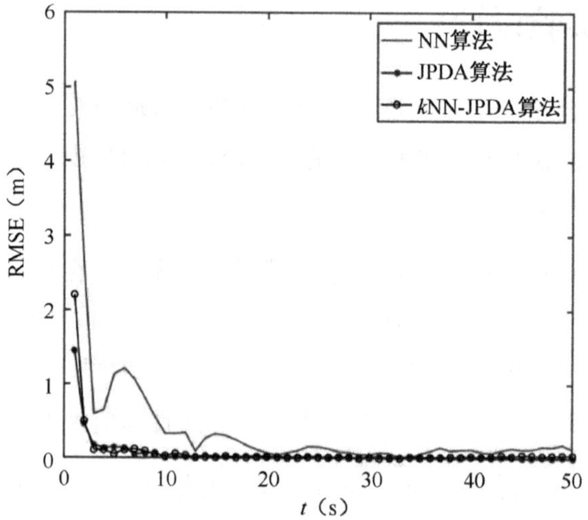

图 6-16　3 种算法的 RMSE 对比

表 6-6　3 种算法的 RMSE 统计表

时间（s）	RMSE（m）		
	NN 算法	JPDA 算法	kNN-JPDA 算法
1～10	1.403	0.271	0.34
11～20	0.232	0.024	0.023
21～30	0.096	0.021	0.014
31～40	0.085	0.018	0.015
41～50	0.131	0.011	0.037

从图 6-15 中可以看出，采用 NNDA 算法进行数据关联时，会产生明显偏差；采用 JPDA 算法与 *k*NN-JPDA 算法进行数据关联时，误差并不明显，无法清晰看出。因此，引入 RMSE 来评价算法精度，RMSE 越小，表示算法精度越高。从实验 1 中可以得出结论：JPDA 算法与 *k*NN-JPDA 算法的精度差别不大，均高于 NNDA 算法。

2. 实验 2

为了更全面地了解所提 *k* 近邻联合概率数据关联算法的优势，设计算法运行时间的对比实验，仅改变单位面积内产生的杂波数量，其他条件不变。3 种算法耗时对比如图 6-17 所示。从图 6-17 中可以看出，JPDA 算法和 *k*NN-JPDA 算法的耗时差距较大，从算法的定义和计算过程中发现，JPDA 算法与 *k*NN-JPDA 算法的区别主要在于所计算的联合事件的数量上。因此，在上述实验的基础上，增加一个实验，仅改变单位面积内产生的杂波数量，其他条件不变，2 种算法的联合事件数量对比如图 6-18 所示。

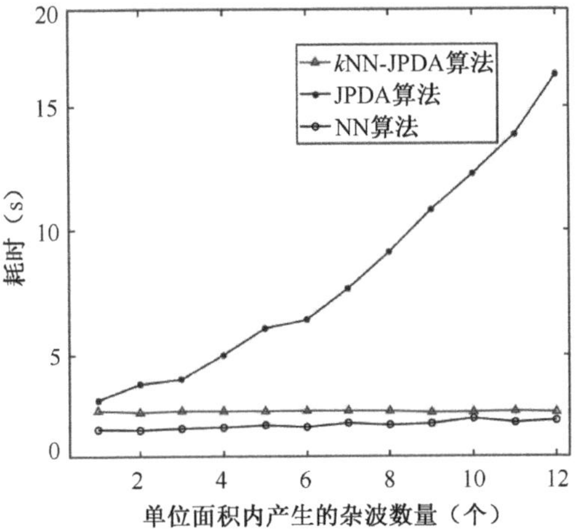

图 6-17　3 种算法耗时对比

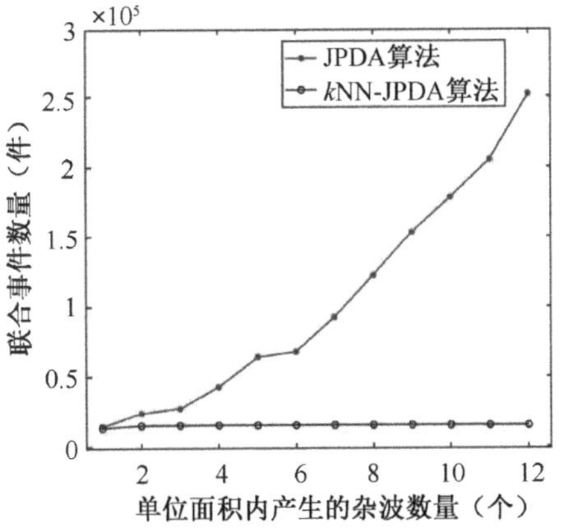

图 6-18　2 种算法的联合事件数量对比

从图 6-18 中可以看出，JPDA 算法耗时随单位面积内产生的杂波数量的增加而增加，JPDA 算法在运算过程中，联合事件数量随单位面积内杂波数量的增加而急剧增加，导致运行时间延长，远远超过 *k*NN-JPDA 算法和 NNDA 算法。通过上述实验可知，所提 *k*NN-JPDA 算法的精度和实时性较好，下面验证该算法的优越性。从该算法的定义中可以看出，算法中可以自行改变的量是 *k*，下面对 *k* 值进行测试。

只改变 *k* 值，其他条件不变。算法取不同 *k* 值时的耗时如图 6-19 所示。每 10s 计算一次 RMSE 的平均值，得到 *k*NN-JPDA 算法的 RMSE 统计表如表 6-7 所示。

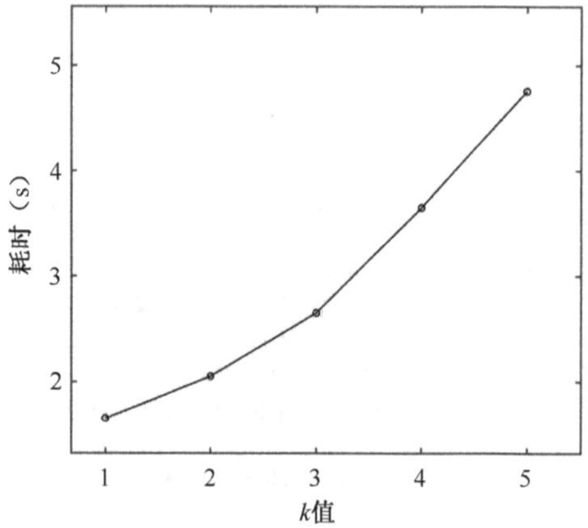

图 6-19　*k*NN-JPDA 算法取不同 *k* 值时的耗时

表 6-7　*k*NN-JPDA 算法的 RMSE 统计表

时间（s）	RMSE（m）				
	k=1	*k*=2	*k*=3	*k*=4	*k*=5
1～10	0.496	0.392	0.341	0.263	0.198
11～20	0.036	0.029	0.023	0.018	0.014
21～30	0.021	0.018	0.014	0.011	0.008
31～40	0.024	0.019	0.015	0.011	0.008
41～50	0.048	0.043	0.037	0.027	0.022

随着 *k* 值的增加，*k*NN-JPDA 算法的精度提高，耗时增加。在实际应用中，实时性尤为重要，必须在规定时间内完成运算。在后续实际路测场景中，*k* 值选

择为 3 或 4，可根据不同的场景进行调整。

实际路测使用 CSR-TS 雷达，测试地点为某四车道公路，测试界面如图 6-20 所示。

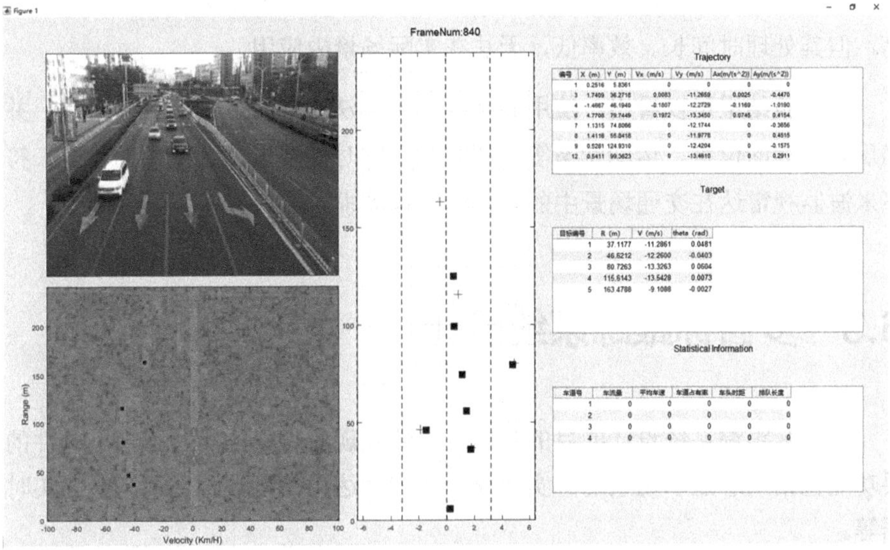

图 6-20 测试界面

采集 4 个场景，对这 4 个场景进行分析，统计 NNDA 算法、JPDA 算法与 *k*NN-JPDA 算法的平均关联正确率及平均处理时间，得到 3 种算法的性能对比如表 6-8 所示。

表 6-8 3 种算法的性能对比

算法	平均处理时间（ms）	平均关联正确率（%）
NNDA 算法	27	70.86
JPDA 算法	61	96.64
*k*NN-JPDA 算法	34	95.87

关联正确率为

$$\eta=\frac{R}{R+W} \tag{6-53}$$

式中，η 为关联正确率，R 为关联正确的样本点数量，W 为关联错误的样本点数量。由表 6-8 可知，*k*NN-JPDA 算法的平均关联正确率可以达到 95%以上，平均处理时间约为 34ms，与之相比，虽然 NNDA 算法的运行时间较短，但其关联正确率较低，无法在实际场景中应用；而 JPDA 算法的关联正确率较高，但其处理时间长、效率低，无法在实际场景中应用。

由实验结果可以看出，使用 *k*NN-JPDA 算法可以很好地区分多目标，并准确反映目标的位置、运动状态等，同时满足实时性要求，达到预期状态，符合毫米波监视雷达在交通场景中的多目标跟踪需求。

6.3 多目标跟踪系统设计

多目标跟踪系统设计的目的是通过软件实现对目标的实时跟踪。软件的主要功能包括动态显示场景的真实情况、调节雷达相关参数、显示车辆的实时数据等。

6.3.1 需求分析

本节涉及的多目标跟踪系统依托北京川速微波科技有限公司自主研发的 CSR-TS 雷达。该产品采用国际先进的微波雷达技术，在雷达体制、信号处理、目标识别算法等方面均有重要突破。交通监视雷达可用于高速路况监测和红绿灯智能控制，跟踪当前监视场景中所有车辆的行驶轨迹，并获得各车辆的位置、车速等信息。该雷达不仅能提供车流量、车道占有率、平均车速等传统微波车辆检测信息，还能提供逆行车辆、急停车辆、变道车辆，排队长度等信息。交通监视雷达将成为智慧交通场景中不可或缺的前端设备。

CSR-TS 雷达广泛应用于高速路况监测和红绿灯智能控制，应用场景主要有 2 种：①高速公路、城市公路路况检测，逆行、违规变道报警；②为路口红绿灯智能控制提供排队长度信息。交通监视雷达的应用场景如图 6-21 所示。

CSR-TS 雷达的主要功能有以下 3 种。

（1）实时跟踪多目标。

①可同时监测 4～5 个车道，监测车道数可调。

②具有高测速测距分辨率。

③可以获知车速方向。

④轨迹跟踪准确率超过 90%。

（2）统计车流量信息。

①利用配套软件的统计功能实现车流量统计。

②对各车道的过车数进行计数。

③统计各车道在单位时间内的过车数。

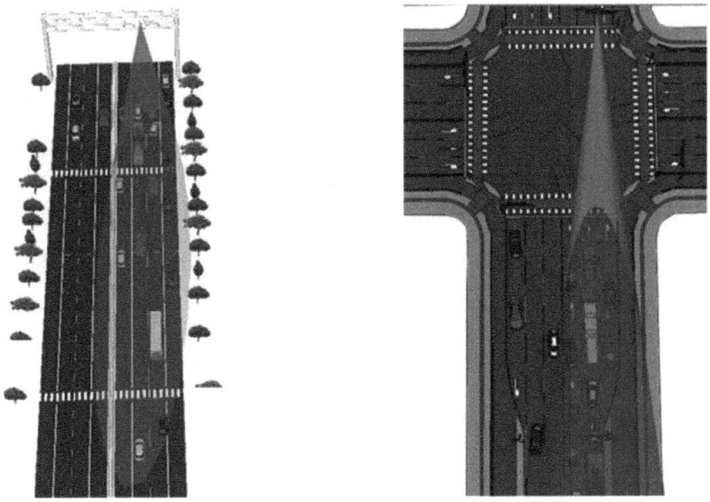

(a) 场景①　　(b) 场景②

图 6-21　交通监视雷达的应用场景

④统计各车道内的平均车速和所有车道的平均车速。

（3）事件监测。

①实时监测判断逆行车辆。

②实时监测判断变道车辆。

③实时监测判断急停车辆。

④判断堵车排队状态。

CSR-TS 雷达安装示意图如图 6-22 所示，安装高度为 6～10m，雷达波束覆盖区域的宽度与波束中心位置等相关。

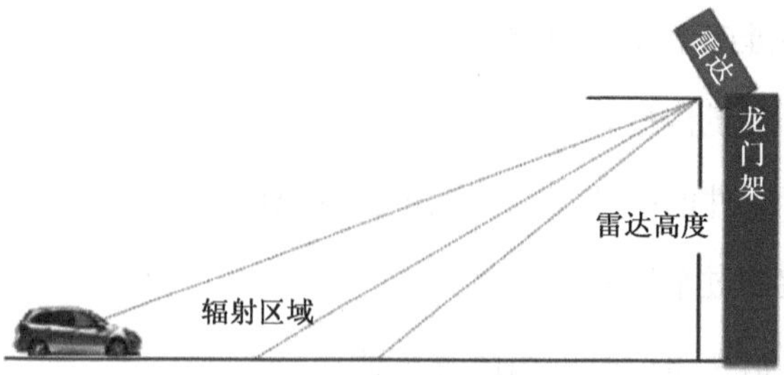

图 6-22　CSR-TS 雷达安装示意图

CSR-TS 雷达主要用于对多个车道车辆的轨迹跟踪及事件监测，因此，雷达通常固定在宽度方向的中心位置，即道路上方龙门架的中心位置。

为了缩小雷达监测的适用范围，可以适当降低安装要求，雷达的实际安装位置可以偏离总车道宽度的中心位置。因此，除了正顶装，雷达还有侧顶装、侧装等安装方式。

1）正顶装

雷达安装在监测车道正上方，适用于有龙门架的情况。雷达正顶装示意图如图 6-23 所示。

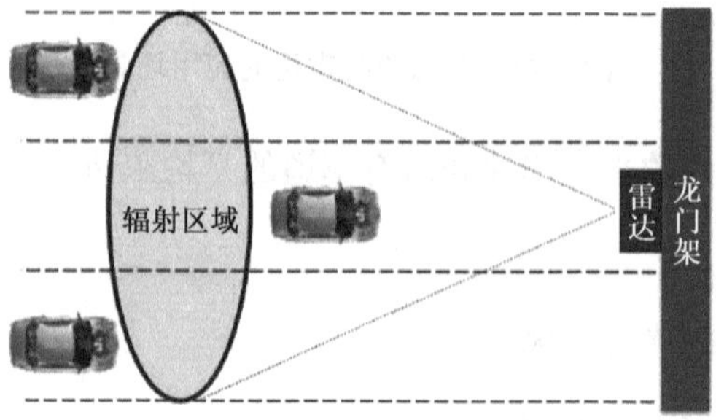

图 6-23　雷达正顶装示意图

2）侧顶装

雷达安装在监测车道上方，偏离车道中心任意距离，适用于有 L 杆的情况。雷达侧顶装示意图如图 6-24 所示。

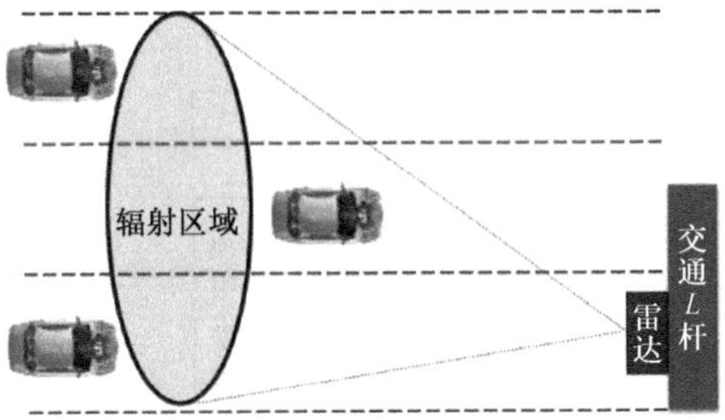

图 6-24　雷达侧顶装示意图

3）侧装

雷达安装在路旁，距离最外侧车道 L（0～3m），适用于有立杆的情况。雷达侧装示意图如图 6-25 所示。

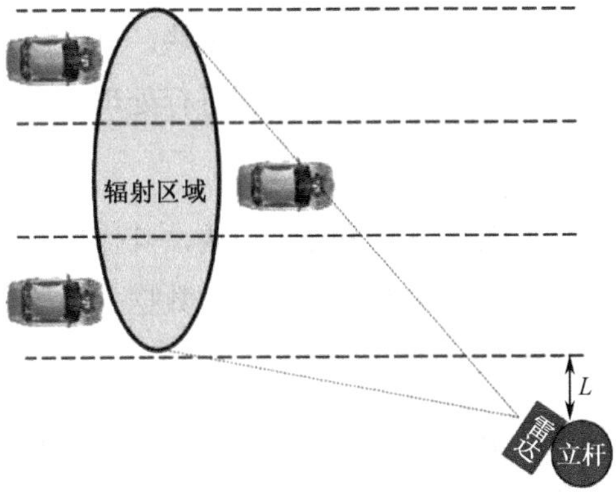

图 6-25　雷达侧装示意图

为了完美适配 CSR-TS 雷达，所设计的多目标跟踪系统需要支持 CSR-TS 雷达的全部使用场景、主要功能和安装方式。以该需求为基准，对多目标跟踪系统进行总体设计。

6.3.2 总体设计

多目标跟踪系统主要包括雷达信号处理、雷达数据处理和处理结果展示 3 个模块，雷达数据处理算法包括聚类算法、数据关联算法、滤波预测算法。多目标跟踪系统的模块划分如图 6-26 所示。

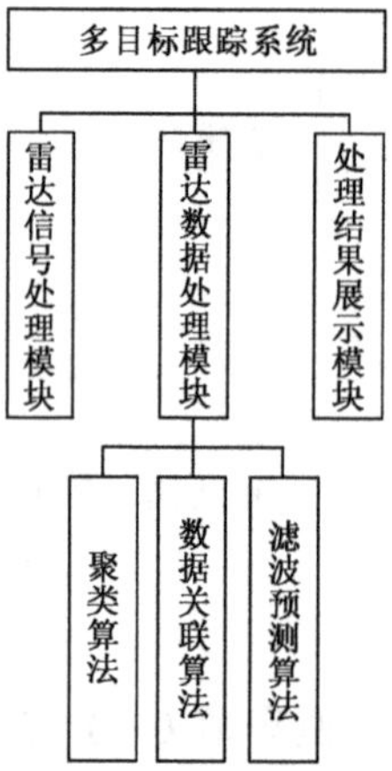

图 6-26　多目标跟踪系统的模块划分

雷达信号处理模块是系统中最先运行的模块，其作用是对雷达接收到的回波信号进行处理，得到需要的数据并对数据进行处理。在本节中，处理的数据包括样本点的坐标、速度、角度等信息。

雷达数据处理模块是系统中最关键的模块，其作用是对雷达信号处理模块处理好的数据进行再加工，并利用聚类算法、数据关联算法和滤波预测算法对场景中的所有车辆进行跟踪。

处理结果展示模块是系统中用于呈现结果的模块，通过前面的信号处理和数据处理，可以完成多目标跟踪，但可视化是展示系统运行状态的重要步骤。在该模块中，通过系统界面设计和运行结果可视化，可以展示完整的多目标跟踪过程。

多目标跟踪系统进程可以简单分为人机交互进程、接口进程和处理进程。人机交互进程是用户利用计算机操作软件的过程，完成状态监视、设备管理、参数设置等操作；接口进程是人机交互进程和处理进程的桥梁；处理进程包含雷达信号处理模块和雷达数据处理模块，多目标跟踪系统进程划分如图 6-27 所示。

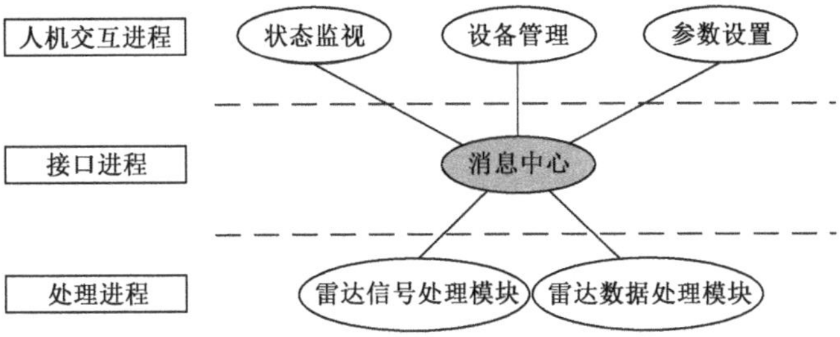

图 6-27　多目标跟踪系统进程划分

雷达信号处理模块完成雷达回波信号与可处理数据的转换，步骤如下。

（1）接收雷达回波信号。

（2）将回波信号从时域变换到频域。

（3）计算目标与雷达的距离。

（4）计算目标与雷达的夹角。

（5）计算目标在雷达坐标系中的坐标。

雷达信号处理流程如图 6-28 所示。

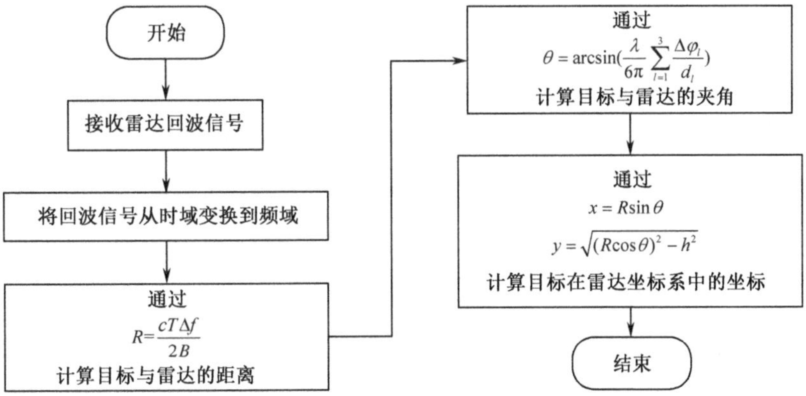

图 6-28　雷达信号处理流程

雷达数据处理模块需利用聚类算法对雷达信号处理模块处理过的数据进行聚类，并进行数据关联。同时，需要滤波预测算法配合前两种算法对每帧信号进行循环处理，最终得到多目标运动状态，完成跟踪过程。雷达数据处理流程如图 6-29 所示。

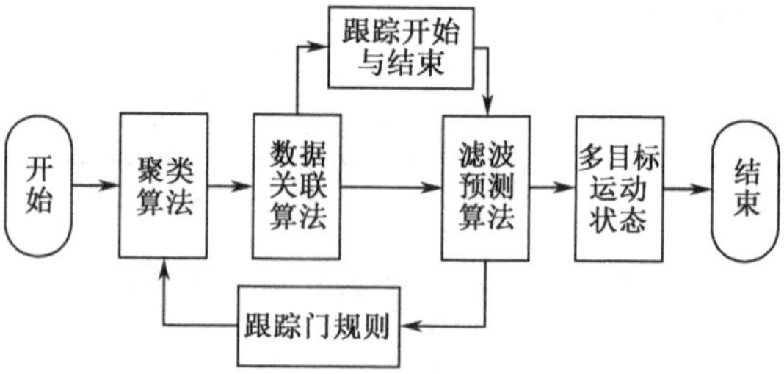

图 6-29　雷达数据处理流程

6.3.3　多目标跟踪系统的应用

本节通过软件实现多目标跟踪系统在计算机上的调试和可视化，该软件是毫米波监视雷达的配套软件，其主要功能包括对当前路段的实时路况状态进行动态显示、设置雷达和车道相关参数、对实时数据进行列表刷新显示等。

1. 运行环境及界面展示

本软件可运行于 Windows 7 系统，兼容 Windows 10 系统，可实时动态显示指定路段内所有车辆的行驶情况，使用户能够在第一时间了解车辆的行驶状态。软件的统计数据功能可显示指定路段的车流量、排队长度等信息，软件支持对雷达和车道相关参数的查询和设置，可显示车辆实时数据及统计数据。软件主界面如图 6-30 所示。

软件主界面中包括下列功能区。

（1）标题栏：显示软件名称及版本，标题栏如图 6-31 所示。

（2）实时路况：动态显示当前路段内的实时路况，实时路况如图 6-32 所示。

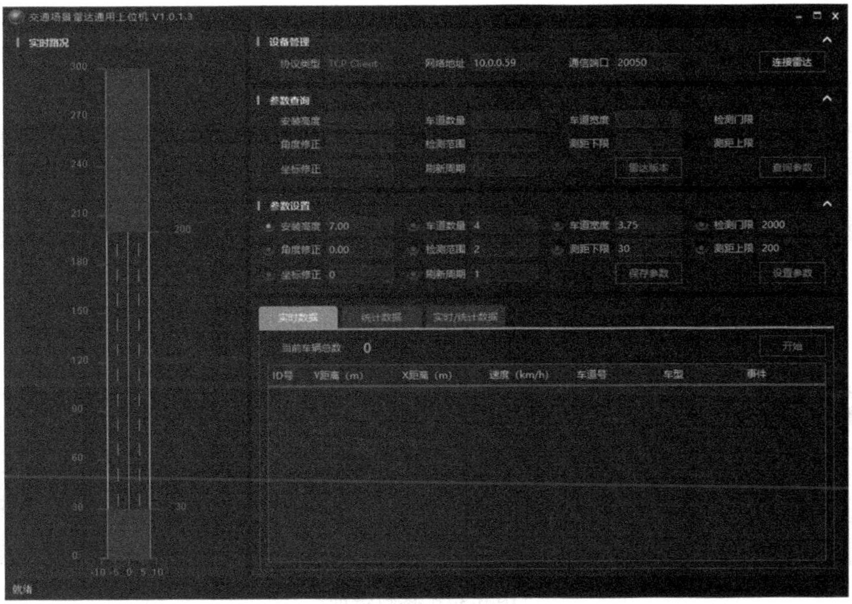

图 6-30　软件主界面

图 6-31　标题栏

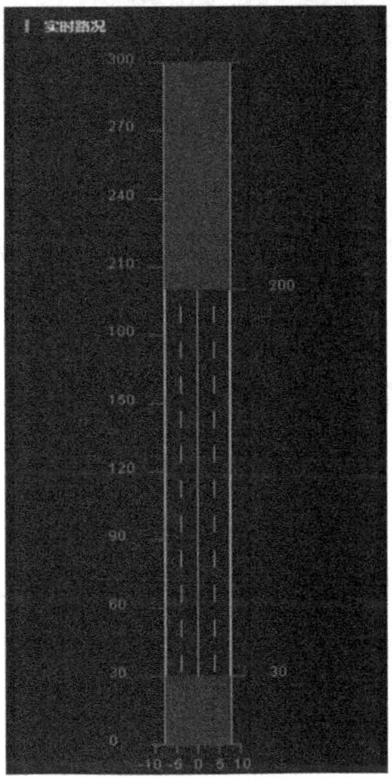

图 6-32　实时路况

（3）设备管理：可通过修改相关网络参数来建立软件与雷达的网络通信，设备管理如图 6-33 所示。

图 6-33　设备管理

（4）参数查询：查询雷达和车道相关参数，参数查询如图 6-34 所示。

图 6-34　参数查询

（5）参数设置：设置雷达和车道相关参数，参数设置如图 6-35 所示。

图 6-35　参数设置

（6）路况数据：对实时数据或统计数据进行列表刷新显示，路况数据如图 6-36 所示。

（7）状态栏：显示系统的工作状态，状态栏如图 6-37 所示。

2．操作步骤

设备管理和参数设置中的默认值均来自配置文件 AppConfig.xml，配置文件如图 6-38 所示。该配置文件内各参数和软件主界面参数的对应关系如下。

ip：对应设备管理中的网络地址。

port：对应设备管理中的通信端口。

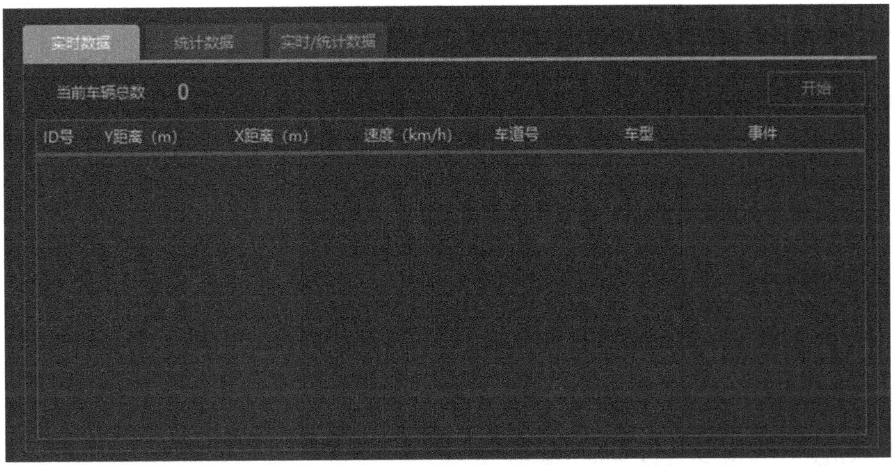

图 6-36　路况数据

图 6-37　状态栏

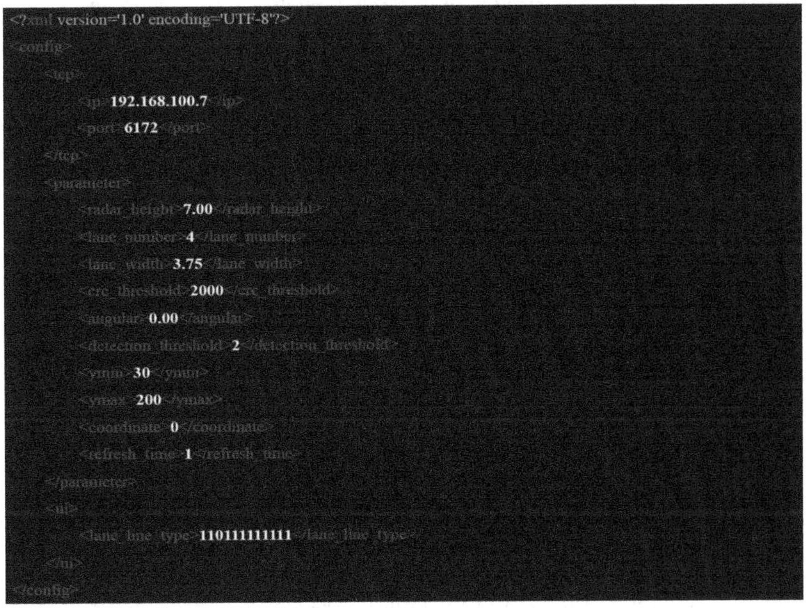

```xml
<?xml version='1.0' encoding='UTF-8'?>
<config>
    <tcp>
        <ip>192.168.100.7</ip>
        <port>6172</port>
    </tcp>
    <parameter>
        <radar_height>7.00</radar_height>
        <lane_number>4</lane_number>
        <lane_width>3.75</lane_width>
        <crc_threshold>2000</crc_threshold>
        <angular>0.00</angular>
        <detection_threshold>2</detection_threshold>
        <ymin>30</ymin>
        <ymax>200</ymax>
        <coordinate>0</coordinate>
        <refresh_time>1</refresh_time>
    </parameter>
    <ui>
        <lane_line_type>110111111111</lane_line_type>
    </ui>
</config>
```

图 6-38　配置文件

radar_height：对应参数设置中的安装高度。

lane_number：对应参数设置中的车道数量。

lane_width：对应参数设置中的车道宽度。

crc_threshold：对应参数设置中的检测门限。

angular：对应参数设置中的角度修正。

detection_threshold：对应参数设置中的检测范围。

ymin：对应参数设置中的测距下限。

ymax：对应参数设置中的测距上限。

coordinate：对应参数设置中的坐标修正。

refresh_time：对应参数设置中的刷新周期。

lane_line_type：可设置 12 条车道的车道线类型。

lane_line_type 最大为 11 位数字，对应 11 个车道的右侧车道线，每位数字用 0 或 1 表示，0 表示该数字对应的车道线为虚线，1 表示为实线。

以四车道为例，对中间 3 条车道线进行修改，则对应的 lane_line_type 为 3 位数，如 lane_line_type 的默认值为 010 表示虚线—实线—虚线。

为了通过网络建立多目标跟踪软件与雷达设备的通信，需要先设置网络地址和通信端口。正确填写要连接的雷达的网络地址和通信端口后，单击“连接雷达”，如果连接成功，则状态栏显示“连接……成功”。

网络地址和通信端口参数均从配置文件中获得，可通过软件主界面中的文本框修改，如果重新打开软件，则网络地址和通信端口参数为上次通信时设置的值。

在参数查询中，单击“查询参数”，下位机雷达参数会显示在对应文本框内；单击“雷达版本”，状态栏显示当前的雷达固件版本。

参数设置中的安装高度为雷达距地面的垂直高度；角度修正可对雷达与道路的夹角进行修正；车道数量及车道宽度应按实际设置；雷达可覆盖 250m，可通过“测距下限”与“测距上限”对要监测的路段进行调整。

设置的参数仅供本次使用，雷达掉电再次启动后，会重新使用默认参数，如果要对雷达默认参数进行配置，单击“保存参数”既可。

软件与雷达设备建立连接后，可通过单击路况数据中的“开始”来显示当前路况数据。路况数据包括实时数据和统计数据，实时数据对该路段当前车辆数进行计数，以表格形式显示路段内所有车辆的状态信息，并刷新显示左侧的实时路况；统计数据显示当前路段内的车流量、排队长度等信息，不刷新显示左侧的实时路况。

3. 实际应用

打开多目标跟踪软件，在设备管理中输入相关参数，建立软件与雷达的网络通信，并单击“连接雷达”。

单击路况数据中的“开始”，刷新显示实时数据。

程序运行界面如图 6-39 所示，从图 6-39 中可以清晰地看到车辆的位置、速度、车道等信息。

图 6-39　程序运行界面

从图 6-39 中可以看出，监测道路上有 4 辆大型车，其中 3 辆车距雷达较远，1 辆车刚刚出现在视野中。

由数据可知，受雷达安装角度和参数的影响，距雷达横轴较近的目标无法被识别，目标需要行驶到稍远的位置才能被识别。多次和长时间的工程实践验证了所设计的多目标跟踪系统可以在实际交通场景中与毫米波监视雷达配套使用，在多目标跟踪过程中可以保持较高的精度和良好的实时性。在一些场景中的程序运行界面如图 6-40 所示。

(a)

(b)

(c)

图 6-40　在一些场景中的程序运行界面

6.4 本章小结

本章将航迹关联拆分为两个简单步骤，根据雷达的配置添加限制条件，完成航迹关联，并将卡尔曼滤波和粒子滤波结合，提出 PF-KIS 算法。实际路测结果表明，本章采用的跟踪方法能够满足雷达的实时跟踪需求，提高了非线性估计精度，具有很好的多目标跟踪效果。为了更好地实现多目标跟踪，本章提出了 k 近邻联合概率数据关联（kNN-JPDA）算法，讨论了数据关联算法的优势及其在多目标跟踪系统中的重要性，介绍了一些经典的数据关联算法（NNDA 算法和 JPDA 算法）并将其与 kNN-JPDA 算法进行对比，kNN-JPDA 算法提出了新的预聚合矩阵和聚合矩阵，通过计算聚合相关概率来提高数据关联的准确率，通过构建聚合矩阵来提高算法运行效率。本章通过实验证明了 kNN-JPDA 算法具有较高的精度和运行效率，在实际道路测试中，该算法也可以很好地完成多目标数据关联，从而实现多目标跟踪。

为了解决交通场景中的多目标跟踪问题，本章对改进算法进行整合，设计了多目标跟踪系统。在该系统中，用户可以直观地看到在实时状态下，系统通过毫米波雷达接收回波信号并完成多目标跟踪任务的过程。本章明确了多目标跟踪系统的设计需求，介绍了多目标跟踪系统的设计思路、操作过程和使用方法，在实际的交通场景中进行了多次测试，验证了所提多目标跟踪系统的可行性和稳定性。

第7章

基于毫米波雷达和机器视觉的信息融合与目标识别

在汽车辅助驾驶系统中，目标识别是低分辨率雷达应用的难点。其只使用一种传感器并将其作为数据源，在可靠性方面存在一定的缺陷，通常融合多种传感器测量的信息才能得到准确信息。可以使用摄像机采集的图像和毫米波雷达采集的回波数据共同进行车辆检测。在细节方面，与毫米波雷达相比，摄像机有明显优势，但是随着毫米波雷达频率的提高，其分辨率迅速提高，也可以完成一些相对精细的工作。

本章利用深度学习算法从图像中检测目标并给出目标的像素位置。卷积神经网络是最先在实践中取得成功的深度学习算法，卷积神经网络不是凭空产生的，其建立在经典的前馈神经网络的基础上，并借鉴了传统图像领域的滤波和边缘检测思想。与传统的图像处理算法相比，卷积神经网络更重视数据，使模型从数据中自动学习特征，不需要人为设计特征。而对于经典的人工神经网络来说，图像的输入维度过高，在训练模型时，需要极大的数据集和硬件内存。为了解决这些问题，卷积神经网络引入了卷积，并通过“参数共享”和“稀疏连接”将网络参数数量从几亿个减少到几百万个，在图像领域取得了巨大成功，从效果上超越了传统算法。

本章实现了毫米波雷达和摄像机的数据融合，基于毫米波雷达和摄像机的数据融合模型，建立了雷达和摄像机的坐标转换关系，实现雷达数据与摄像机数据在空间和时间维度的融合。另外，根据数据融合结果，可以实现从图像数据定位到雷达数据定位的转换，根据图像的目标识别结果，为雷达数据提供目标的类别标签，并基于雷达数据的特点进行特征提取，利用机器学习算法对带有标签的雷达数据进行训练和分类，实现目标识别。

7.1　基于深度学习的目标检测

7.1.1　目标检测

1. ResNet

从理论上讲，神经网络的层越深，模型能够学习的映射越复杂，但在网络的实际训练过程中，很容易出现越深的网络越难训练的情况，这是因为网络越深则梯度消失问题越严重。为了解决该问题，何凯明提出了一种新的网络结构：残差网络（Residual Network，ResNet）。与传统网络结构相比，ResNet 为网络连接新增了一条“捷径”，称为“skip connection”，如图 7-1 所示。对于传统网络来说，设模型第 L 层的输出为 $a^{[L]}$，参数为 $W^{[L]}$ 和 $b^{[L]}$，激励函数为 relu，则 $a^{[L+1]}$ 为

$$a^{[L+1]} = \text{relu}(W^{[L]}a^{[L]} + b^{[L]}) \tag{7-1}$$

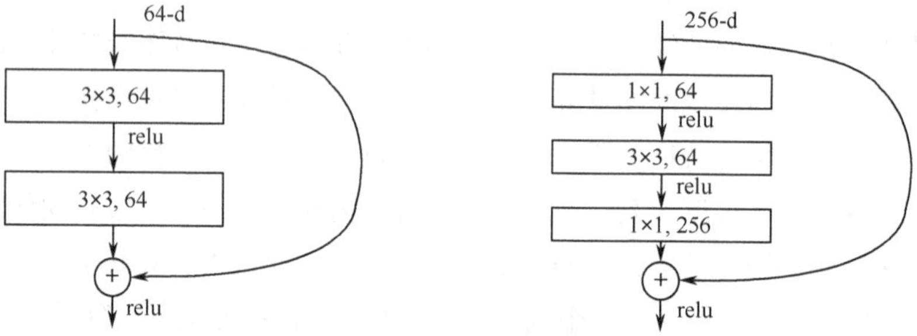

图 7-1　skip connection

增加“skip connection”后，$a^{[L+1]}$ 为

$$a^{[L+1]} = \text{relu}(W^{[L]}a^{[L]} + b^{[L]} + a^{[L]}) \tag{7-2}$$

出现梯度消失问题时，参数 $W^{[L]}$ 和 $b^{[L]}$ 变得很小，近似为 0，此时该层的输出为 $a^{[L+1]} = \text{relu}(a^{[L]}) = a^{[L]}$，这意味着经过该层的学习至少不会减少前面层的激励（不会衰减至 0），因此采用“skip connection”可以有效训练深层网络。

除了上述问题，还需要考虑矩阵维度匹配问题。如果通过“skip connection”得到的矩阵与网络模型矩阵的维度匹配，则将两者直接相加，得到 Identity Block，如图 7-2 所示；如果矩阵的维度不匹配，则在“skip connection”的路径上增加一个卷积层，使得两者的维度能够正常匹配，从而保证矩阵的乘法操作及卷积操作不会出错，这种结构被称为 Convolutional Block，如图 7-3 所示。

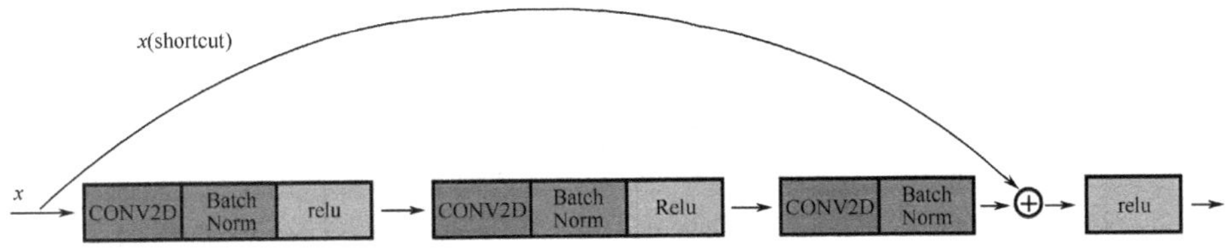

图 7-2　Identity Block

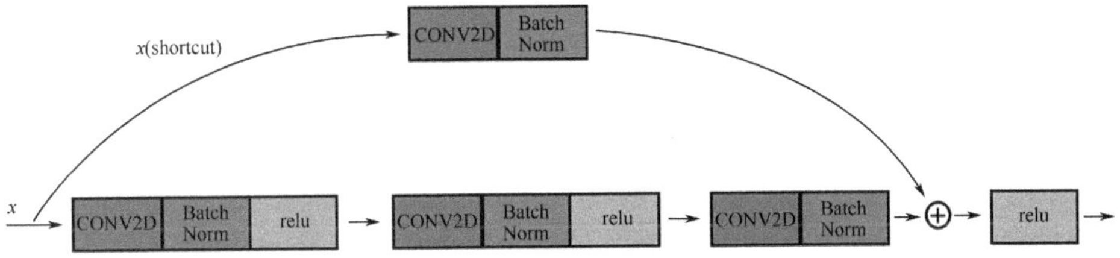

图 7-3　Convolutional Block

2. InceptionNet

在卷积网络结构中，卷积核的大小影响提取特征的质量及算法性能。早期的卷积网络结构（如 LeNet-5 和 AlexNet）中采用的卷积核较大（5×5），原因在于卷积算子的维度越高，则相应的感受野越大，卷积核看到的图像信息更多，因此会得到更好的特征。但从 VGG-16 中可以发现，使用两个 3×3 卷积核的效果优于使用一个 5×5 卷积核，并能显著减小计算量，因此目前 3×3 卷积核应用最广泛。

是不是每个卷积层都只能使用大小相同的卷积核呢？2014 年，谷歌提出的 InceptionNet 结构首次出现在 ILSVRC 比赛中，并获得了冠军。InceptionNet 用多个尺寸不同的卷积核对前一层的输出进行卷积操作，以获得不同尺度上的特征，InceptionNet 如图 7-4 所示，前一层的输出经过 1×1、3×3 和 5×5 的卷积核处理和 3×3 的池化处理，将这些特征组合起来就得到了当前层的输出。

InceptionNet 的缺点是计算量大、效率低。为了解决这一问题，Google 团队受 NIN（Network in Network）结构的启发，通过增加 3×3 卷积核（被称为 Bottleneck layer），使计算量显著减小，增加了 Bottleneck layer 的 InceptionNet 如图 7-5 所示。

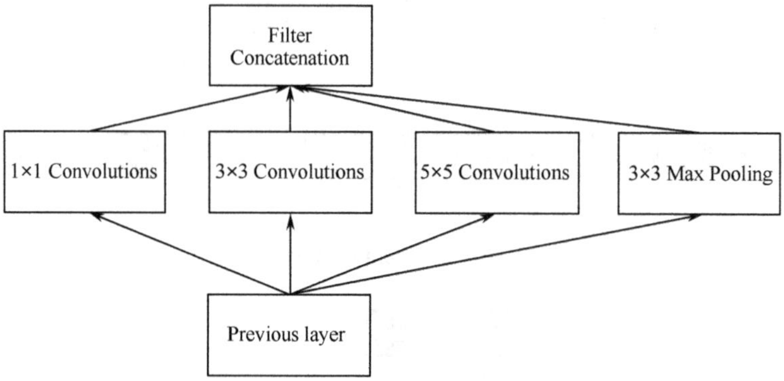

图 7-4　InceptionNet

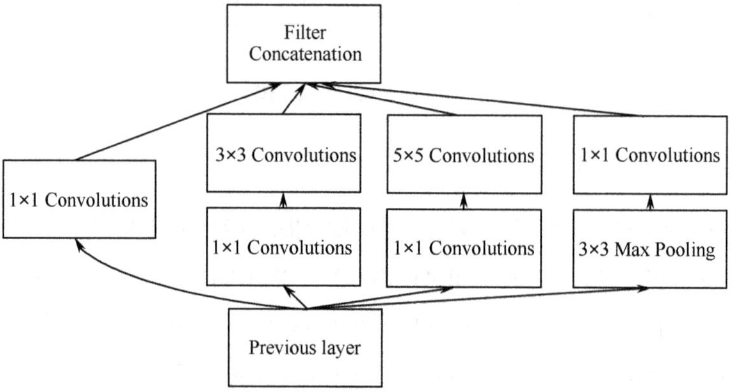

图 7-5　增加了 Bottleneck layer 的 InceptionNet

假设输入维度为$28\times28\times192$，采用 32 个维度为$5\times5\times192$的卷积核，需要完成$28\times28\times32\times5\times5\times192\approx1.2$亿次乘法运算，而应用 Bottleneck layer 后，可以先采用 16 个维度为$1\times1\times192$的卷积核进行处理，再采用 32 个维度为$5\times5\times16$的卷积核进行处理，需要完成$28\times28\times16\times192+28\times28\times32\times5\times5\times16\approx0.12$亿次乘法运算，计算量约为原来的十分之一！

综上所述，InceptionNet 和 ResNet 都是很好的结构，在目标检测算法及各种大型深度学习网络中都会用到。

7.1.2　深度学习目标检测原理

目前，基于卷积神经网络的目标检测可以分为两类：基于候选区域的 R-CNN 系列算法和基于网格划分的 YOLO 算法。以 R-CNN 系列算法为代表的基于候选区域的算法的核心思想是利用分类来解决目标定位的问题，具体来说，先通过聚类算法得到可能存在目标的区域，再利用成熟的分类算法对每个候选区进行判断。其优点是充分利用了现有的成熟分类算法，目标检测准确率高，缺点是算法效率较低，且大部分时间花费在候选区域的提取过程中。

以 YOLO 为代表的基于网格划分的算法的核心思想是将目标检测任务看作回归任务，在该回归任务中需要预测目标在图像中的像素位置及置信概率，将与目标对应的标签记为 $y=(p_c,b_x,b_y,b_h,b_w,c)$，$p_c$ 表示图像中存在目标的置信概率，b_x、b_y、b_h、b_w 分别表示目标的中心点横坐标、中心点纵坐标、目标的高度及宽度，这 4 个维度的信息被称为目标的 Bounding box，目标的 Bounding box 如图 7-6 所示。c 表示目标的类别，当只检测车辆这一类目标时，c 为标量；当需要检测多类目标时，c 通常为 one-hot 向量。

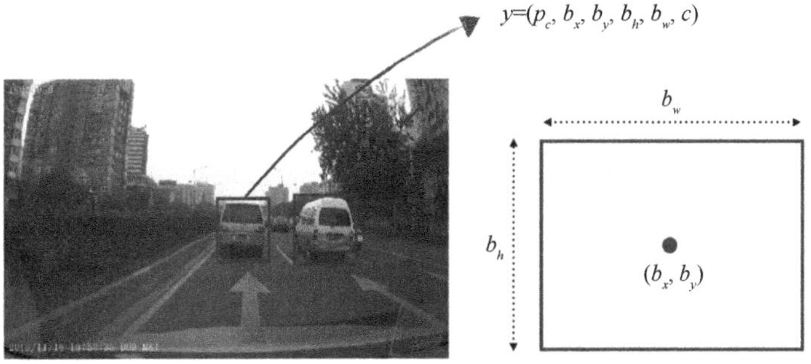

图 7-6　目标的 Bounding box

图像中有多个目标，就会有多个标签，即一个样本会有多个正确答案，如果采用传统方法将导致无法训练。为了解决这一问题，YOLO 算法将图像归一化为 224×224×3 的尺寸，并将图像划分为 $s\times s$ 的网格，将每个格子看作一个子图，每个子图都有一个标签，如果子图中含有目标，则其标签中 $p_c=1$，反之则 $p_c=0$。YOLO 算法的网格划分如图 7-7 所示，图 7-7 被划分为 3×3 的网格，令

c 为三维向量，表示希望从图像中识别出 3 类目标，分别为人、车辆和背景，则该样本对应的标签 y 如式（7-3）所示，标签分量 y_i 对应第 i 个网格，问号表示我们不关心的值，在实际应用中可以生成一些较小的随机数。

图 7-7　YOLO 算法的网格划分

$$y=\begin{bmatrix} y_1 & y_2 & y_3 & y_4 & y_5 & y_6 & y_7 & y_8 & y_9 \\ 0 & 0 & 0 & 0 & 1 & 1 & 0 & 0 & 0 \\ ? & ? & ? & ? & b_x & b_x & ? & ? & ? \\ ? & ? & ? & ? & b_y & b_y & ? & ? & ? \\ ? & ? & ? & ? & b_h & b_h & ? & ? & ? \\ ? & ? & ? & ? & b_w & b_w & ? & ? & ? \\ ? & ? & ? & ? & 0 & 0 & ? & ? & ? \\ ? & ? & ? & ? & 1 & 1 & ? & ? & ? \\ ? & ? & ? & ? & 0 & 0 & ? & ? & ? \end{bmatrix} \qquad (7\text{-}3)$$

综上所述，与传统目标检测算法（如滑动窗算法）相比，YOLO 算法可以通过回归学习到任意尺寸的 Bounding box，而滑动窗算法只能给出指定大小的 Bounding box。与 R-CNN 系列算法相比，YOLO 算法实现了一步检测，即 YOLO 算法是一个端对端的学习系统，其速度远快于传统算法和 R-CNN 系列算法，在 Titan X 的 GPU 上可以达到 45fps，可以满足实时检测需求。

YOLO 算法在大幅提高效率的同时，降低了目标检测的准确率，为了解决算法精度不够及容易丢失小目标的问题，YOLOv2 算法在原算法的基础上从多个方面进行了改进，本节分析其主要改进的 3 个方面，介绍基于 Anchor box 的训练标签，以及采用非极大值抑制的算法对卷积网络的输出结果进行目标检测的流程。

1. YOLOv2 算法的核心思想

YOLO 算法的网络结构如图 7-8 所示，下面从 3 个方面分析 YOLOv2 算法在原算法的基础上进行的改进。

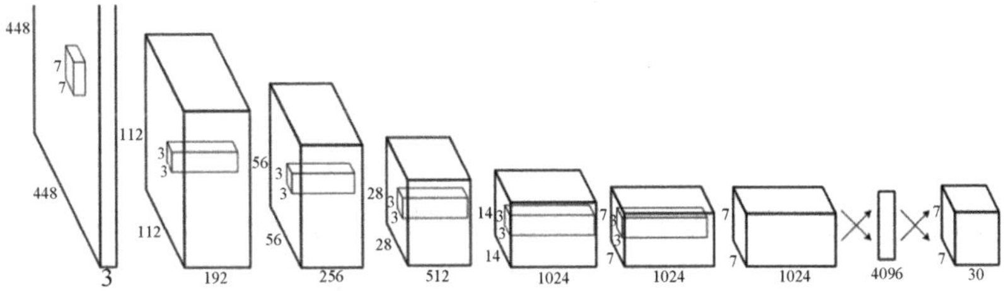

图 7-8　YOLO 算法的网格结构

首先，在设计卷积网络结构时，YOLOv2 在每个卷积层后面增加了 BN 层，并去掉了 Dropout 层。BN 层是为了解决“covariate shift”问题而提出的，简单来说，“covariate shift”指当测试集数据与训练集数据的分布不同时，训练模型会失效的问题。对于神经网络来说，由于层与层之间的耦合性太强，算法本身存在严重的“covariate shift”问题，导致训练速度变慢。BN 层可以将输入数据归一化处理为均值为 0、方差为 1 的数据，并增加了需要通过反向传播学习的参数 γ 和 β。设数据集 $Z=\left\{z^{(1)},z^{(2)},\cdots,z^{(m)}\right\}$ 的均值为 μ、方差为 σ^2，则 $z^{(i)}$ 经过 BN 层后的输出 $\tilde{z}^{(i)}$ 可以表示为

$$z_{\text{norm}}^{(i)}=\frac{z^{(i)}-\mu}{\sqrt{\sigma^2}} \tag{7-4}$$

$$\tilde{z}^{(i)}=\gamma z_{\text{norm}}^{(i)}+\beta \tag{7-5}$$

其次，YOLOv2 算法采用 19 层的全新网络结构 darknet-19 作为预训练网络，该网络结构中引入了残差模块，如图 7-9 所示，其可以在一定程度上解决

小目标识别问题，残差模块中的“skip connection”结构可以使在前几层学习到的精细特征与在后几层学习到的高级特征结合，这种思想在 SSD 算法中也有体现。

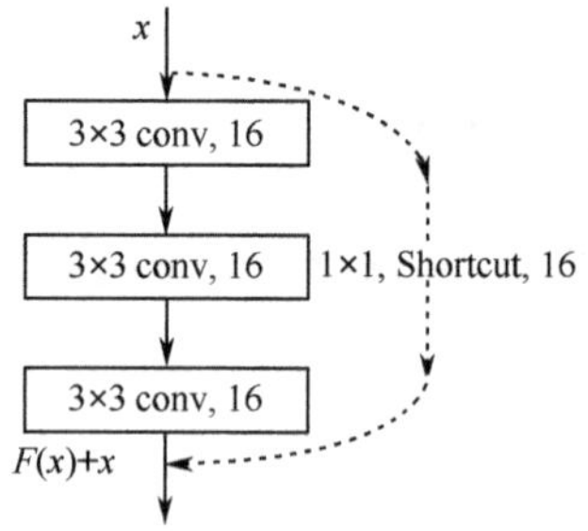

图 7-9　darknet-19 中的残差模块

最后，为了使算法对具有不同分辨率的图像都有较好的检测效果，YOLOv2 算法采用全卷积网络结构，即用 1×1 的卷积运算代替原有的全连接层，使卷积网络的输入不必局限于某固定尺寸，具体来说，在进行网络训练时，每隔 10 epoches 就可以更换尺寸进行训练。

2．Anchor box

前面介绍了在基于网格划分的算法中训练标签的生成过程，当一个目标可能出现在不同网格中时，可以认为该目标的中心像素所在的网格即为该目标所在的网格，但如果一个网格中有多个目标，则训练标签只能给出一个目标的信息，为了解决这一问题，引入 Anchor box。

Anchor box 对每个网格预先定义多个具有不同形状（即长宽比不同）的 Bounding box。Anchor box 如图 7-10 所示，对于任意 Bounding box，总可以按照 1:1、1:2 和 2:1 的长宽比将其调整为 3 个新的 Bounding box，将这 3 个 Bounding box 称为 Anchor box。

在基于网格划分的算法中，假设网格划分为 19×19，预测 80 个类别的目标，则基于 Anchor box 的训练标签如图 7-11 所示。当每个网格只检测一个目标时，每个特征点对应的标签维度为 85 维。为了能在一个网格内检测多个目标，设

Anchor box 的数量为 3，则每个特征点对应的标签维度为 85×3=255，即最终的标签维度为 255，网络的输出维度为 19×19×255。

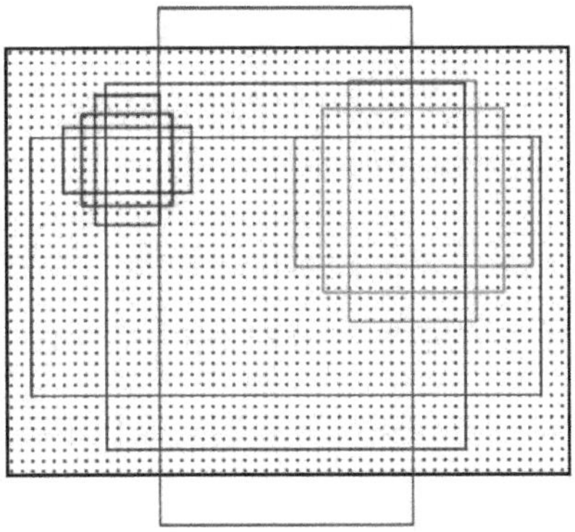

图 7-10　Anchor box

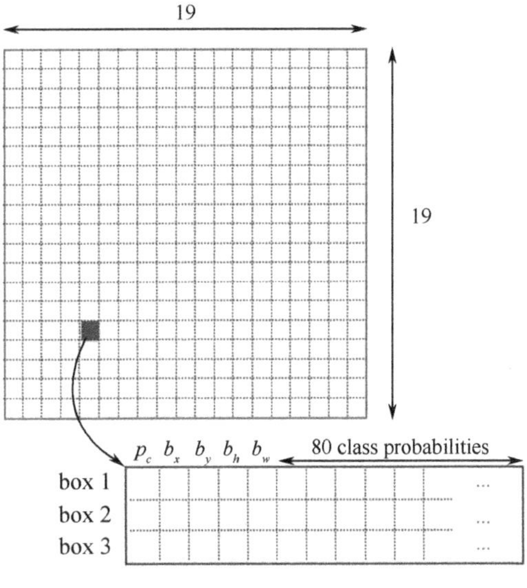

图 7-11　基于 Anchor box 的训练标签

实际上，无论是在 R-CNN 系列算法中，还是在 YOLO 算法中，都采用了 Anchor box 的思想，通过预先对目标的形状进行定制，可以使网络的训练过程更具有针对性。

3. 非极大值抑制

得到卷积网络的输出结果后，还需要对输出结果进行检测，以得出最终目标的 Bounding box、类别及置信概率，YOLOv2 算法检测流程如图 7-12 所示。以 7×7 的网格划分为例，每个网格的 Anchor box 数量为 2，则输出结果为 7×7×2=98 个预测向量。检测流程如下。

（1）选择一个类别，将该类别中置信概率低于某阈值的所有分量置 0。

（2）将该类别的所有置信概率从大到小进行排序。

（3）利用非极大值抑制算法去掉此类别冗余的 Bounding box。

（4）对其他类别，重复步骤（1）、（2）、（3）。

（5）取每个网格的所有类别中的最大值，并将其作为最终检测结果。

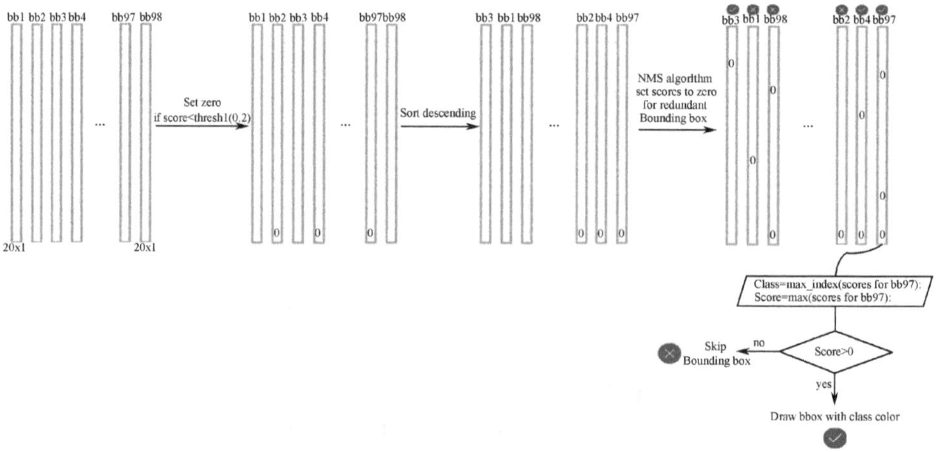

图 7-12　YOLOv2 算法检测流程

非极大值抑制算法是整个检测流程的核心，为了将冗余的 Bounding box 丢弃，引入 IoU 的概念，IoU 用于衡量两个 Bounding box 的相似性，IoU 指标如图 7-13 所示。引入 IoU 后，非极大值抑制算法从大到小遍历当前类别中每个网格的置信概率，舍弃所有 IoU>0.5 的 Bounding box，保留下来的 Bounding box 即为非极大值抑制结果。

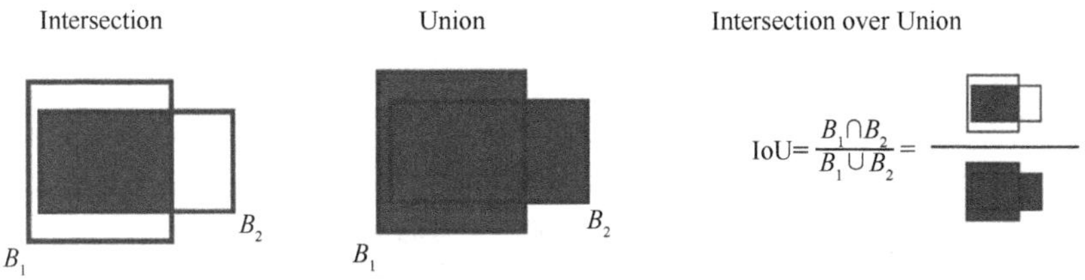

图 7-13　IoU 指标

7.1.3　测试和仿真

1．建立训练集

本节使用的训练集是将路测采集的视频分帧后得到的 360 个图像，训练集如图 7-14 所示。

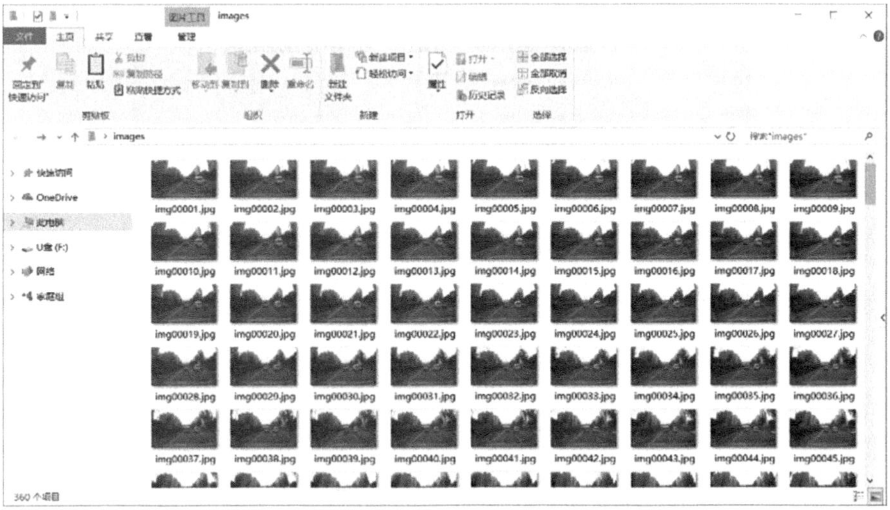

图 7-14　训练集

我们使用 Github 上的 labelImg 标注工具制作训练标签，该工具可以使用 Python 的 pip 命令安装。工具界面如图 7-15 所示，单击 CreateRectBox 对多个目标分别进行标注，并给出类别信息，再单击 Save，生成与图像对应的 xml 文件，如图 7-16 所示，xml 文件中的 xmin、ymin、xmax 和 ymax 即为生成训练标签所需的像素信息。

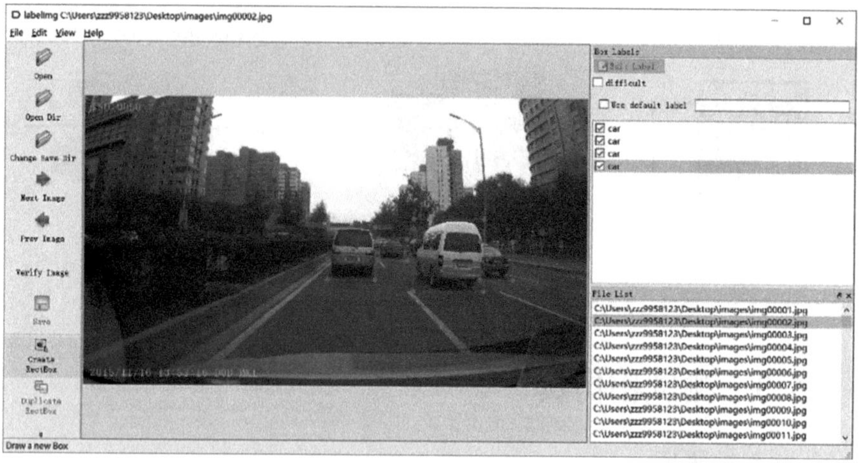

图 7-15　工具界面

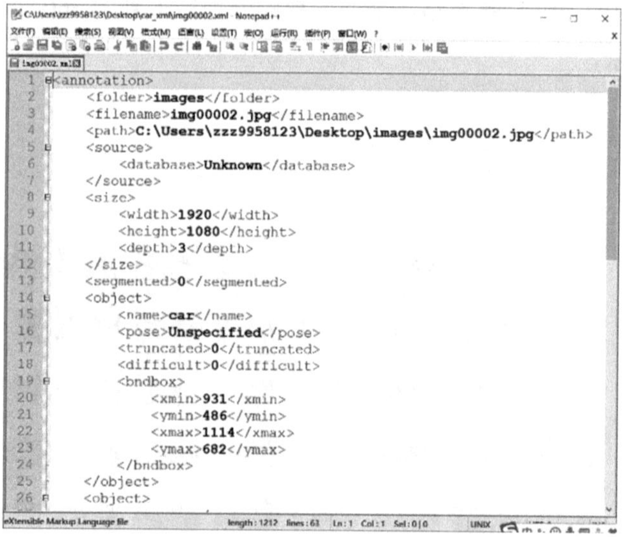

```
<annotation>
    <folder>images</folder>
    <filename>img00002.jpg</filename>
    <path>C:\Users\zzz9958123\Desktop\images\img00002.jpg</path>
    <source>
        <database>Unknown</database>
    </source>
    <size>
        <width>1920</width>
        <height>1080</height>
        <depth>3</depth>
    </size>
    <segmented>0</segmented>
    <object>
        <name>car</name>
        <pose>Unspecified</pose>
        <truncated>0</truncated>
        <difficult>0</difficult>
        <bndbox>
            <xmin>931</xmin>
            <ymin>486</ymin>
            <xmax>1114</xmax>
            <ymax>682</ymax>
        </bndbox>
    </object>
    <object>
```

图 7-16　与图像对应的 xml 文件

2. 车辆检测结果及分析

本节采用具有 30000 个实际路测图像的训练集和具有 3000 个图像的测试集进行实验。下面从 3 个方面分析 YOLOv2 算法在不同场景中的检测结果。

1）车型识别

在标定训练集的训练标签时，将车辆分为 Car、Bus 和 Truck 共 3 类。在两个场景中算法连续 4 帧的识别效果如图 7-17 所示，从图中可以看出，对于距离较近的目标来说，算法的稳定性非常强，只有几帧会将 Truck 识别为 Car。

(a) 场景 1

图 7-17　在两个场景中算法连续 4 帧的识别效果

(b) 场景 2

图 7-17　在两个场景中算法连续 4 帧的识别效果

车型识别结果如表 7-1 所示，从表 7-1 中可以看出，近距离目标识别率可以达到 90%以上。

表 7-1　车型识别结果

结果	车型		
	Car	Bus	Truck
统计总数（辆）	1983	74	141
识别数（辆）	1872	71	128
识别率（%）	94.4	95.9	90.8

2）白天和夜晚的识别

前面给出了算法在白天的识别准确率，算法在夜晚连续 4 帧的识别效果如图 7-18 所示，从图 7-18 中可以看出，算法在夜晚的识别效果与在白天基本一致，在不考虑车型的情况下，统计了 957 辆车，算法识别出 889 辆车，识别率为 92.9%。因此，白天或夜晚对算法识别率的影响不大。

图 7-18　算法在夜晚连续 4 帧的识别效果

图 7-18　算法在夜晚连续 4 帧的识别效果（续）

3）小目标识别

小目标识别是目标检测任务中的一个难点，YOLO 算法不能很好地完成小目标识别，这里采用 YOLOv2 算法，通过引入残差网络将高级特征和低级特征融合，远距离小目标识别效果如图 7-19 所示。在只考虑远距离小目标的情况下，统计了 578 辆车，算法能识别出 326 辆车，识别率为 56.4%，由于 YOLO 算法几乎无法识别，因此认为采用残差网络能够有效解决小目标识别问题。

图 7-19　远距离小目标识别效果

图 7-19　远距离小目标识别效果（续）

7.2　基于毫米波雷达和机器视觉的信息融合

7.2.1　毫米波雷达和摄像机的数据融合

随着智能汽车的快速发展，传感器融合的研究和应用成为学术界和商业界关注的热点。在汽车防撞预警系统中，毫米波雷达和摄像机不可或缺，其相当于两只眼睛。为了实现数据的互补及提高目标检测的可靠性，需要将毫米波雷达和摄像机得到的数据融合。本节采用一种毫米波雷达和摄像机的联合标定方法，通过分别标定毫米波雷达和摄像机，可以获取标定参数，通过标定参数，可以建立两者之间的坐标转换关系。实验结果表明，经过坐标转换后，可以在另一种数据中较好地还原目标位置，实现数据融合，为汽车防撞预警系统提供可靠的数据。

1. 摄像机参数标定和畸变校准

因为采用的是定焦摄像机，所以其内置参数的校准不受环境影响。本节采用张正友标定方法进行内置参数标定，该方法操作简单、精度高。多角度拍摄一个棋盘图案，将得到的图像作为标定样本，标定样本如图 7-20 所示。

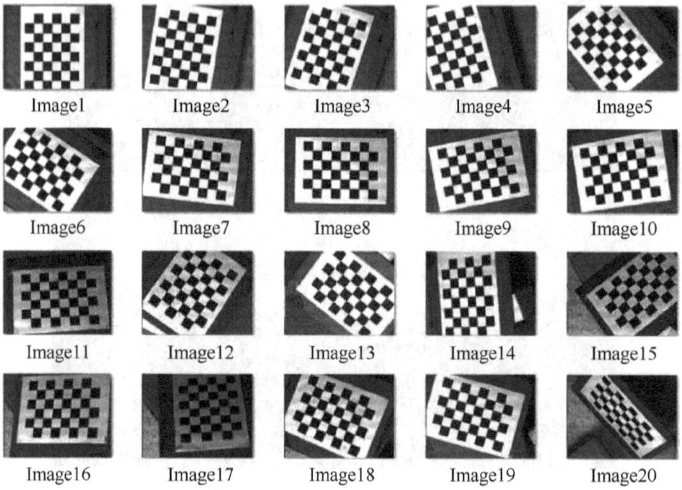

图 7-20　标定样本

将标定样本输入 MATLAB 的标定工具箱，该工具箱可以准确检测棋盘的所有角点，自动完成摄像机内置参数标定，摄像机内置参数如表 7-2 所示。其中，焦距和主点用于坐标转换，畸变参数用于图像的畸变校准。

表 7-2　摄像机内置参数

参数	标定数值
焦距（Focal Length）	$[f_x, f_y] = [1359.267, 1355.632] \pm [37.584, 35.528]$
主点（Principal Point）	$[c_x, c_y] = [715.559, 497.772] \pm [7.505, 20.833]$
畸变参数（Distortion）	$[k_1, k_2, k_3] = [-0.410, 0.207, 0.000] \pm [0.073, 0.048, 0.000]$

在实验中使用的单目摄像机会呈现桶形畸变，图像中心会向外突出，采用径向畸变校准公式进行校准

$$\begin{cases} x' = x + (k_1 x r^2 + k_2 x r^4 + k_3 x r^6) \\ y' = y + (k_1 y r^2 + k_2 y r^4 + k_3 y r^6) \end{cases} \tag{7-6}$$

式中，x 和 y 为校准前的坐标，x' 和 y' 为校准后的坐标，$r^2 = x^2 + y^2$。

2. 毫米波雷达和摄像机的坐标转换

通过标定使毫米波雷达与摄像机的横向切面平行，并与地面垂直。在此基础上，为了确保雷达和摄像机的数据能够较好地融合，需要分别对雷达和摄像机建立投影坐标系，雷达投影坐标系为 $O_{rw} - x_{rw} y_{rw} z_{rw}$，摄像机投影坐标系为 $O_{cw} - x_{cw} y_{cw} z_{cw}$，两个投影坐标系的 x 轴分别表示雷达和摄像机的横向切面方向，y 轴表示各自横向切面的法线方向，z 轴表示相对地面垂直向上的方向。

建立像素坐标系 $O_p - x_p y_p$ 和摄像机坐标系 $O_c - x_c y_c z_c$，摄像机坐标系中的 x_c 轴和 y_c 轴分别平行于像素坐标系中的 x_p 轴和 y_p 轴。各坐标系的关系如图 7-21 所示。

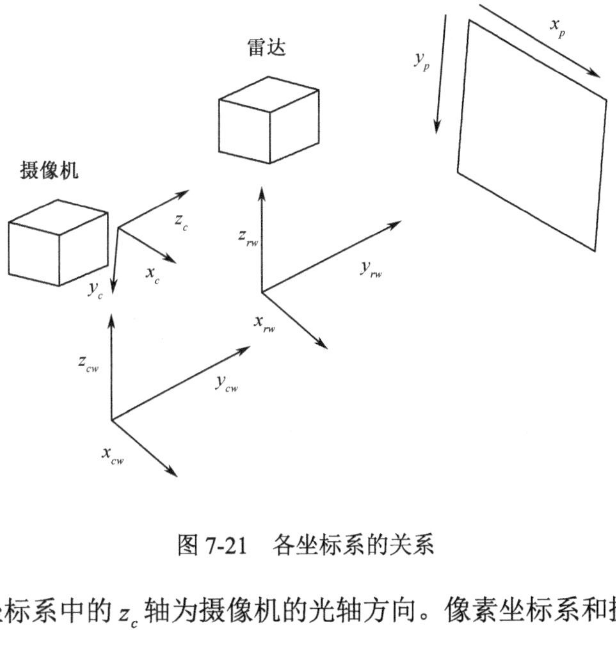

图 7-21　各坐标系的关系

摄像机坐标系中的 z_c 轴为摄像机的光轴方向。像素坐标系和摄像机坐标系

的关系为

$$\begin{cases} a = \dfrac{x_c}{z_c} = \dfrac{x_p - c_x}{f_x} \\ b = \dfrac{y_c}{z_c} = \dfrac{y_p - c_y}{f_y} \end{cases} \tag{7-7}$$

摄像机坐标系 $O_c - x_c y_c z_c$ 与摄像机投影坐标系 $O_{cw} - x_{cw} y_{cw} z_{cw}$ 经过平移和旋转可以相互转换，转换关系为

$$\begin{bmatrix} x_c \\ y_c \\ z_c \end{bmatrix} = \begin{bmatrix} 1 & 0 & 0 \\ 0 & -\sin\theta & -\cos\theta \\ 0 & \cos\theta & \sin\theta \end{bmatrix} \begin{bmatrix} x_{cw} \\ y_{cw} \\ z_{cw} \end{bmatrix} + \begin{bmatrix} 0 \\ H\cos\theta \\ H\sin\theta \end{bmatrix} \tag{7-8}$$

假设测试场地为平地，地面目标在摄像机投影坐标系中的坐标 $z_{cw}=0$，则由式（7-7）和式（7-8）可得

$$\begin{cases} x_{cw} = a y_{cw}\cos\theta + aH\sin\theta \\ y_{cw} = \dfrac{H(\cos\theta - b\sin\theta)}{b\cos\theta + \sin\theta} \end{cases} \tag{7-9}$$

雷达投影坐标系 $O_{rw} - x_{rw} y_{rw} z_{rw}$ 和摄像机投影坐标系 $O_{cw} - x_{cw} y_{cw} z_{cw}$ 可以通过简单的平移进行转换，转换关系为

$$\begin{cases} x_{cw} = x_{rw} - L_x \\ y_{cw} = y_{rw} + L_x \end{cases} \tag{7-10}$$

由式（7-8）、式（7-9）和式（7-10）可得

$$\begin{cases} x_p = c_x + \dfrac{(x_{rw} - L_x) f_x}{H\sin\theta + (y_{rw} + L_y)\cos\theta} \\ y_p = c_y + \dfrac{[H\cos\theta - (y_{rw} + L_y)\sin\theta] f_y}{H\sin\theta + (y_{rw} + L_y)\cos\theta} \end{cases} \tag{7-11}$$

式中，c_x、c_y 为主点；f_x、f_y 为焦距，通过标定获得；L_x 为图 7-21 中 x_{rw} 轴和 x_{cw} 轴的距离；L_y 为图 7-21 中 y_{rw} 轴和 y_{cw} 轴的距离。

3. 数据融合

随着车辆的运动和周边环境的快速变化，不同时刻的量测信息可能存在很

大差别。对于高速运动的车辆来说，即使延迟时间很短，也会带来很大的量测误差。因此，只有不同传感器探测同一时刻的数据，才能确保数据融合的准确性，本节在时间和空间两个维度对目标数据进行融合。

在时间维度，所用毫米波雷达的采样周期为 100ms，即每秒可采集 10 帧雷达数据；摄像机的拍摄帧率为 30fps，采样周期为 33.3ms。毫米波雷达采样周期为摄像机采样周期的 3 倍。因此，只要通过上位机数据采集软件保证毫米波雷达和摄像机同时开始采集，就可以实现雷达和摄像机数据在时间上的同步。

在空间维度，毫米波雷达和摄像机与目标存在不同的位置关系，可以通过式（7-11）将毫米波雷达探测到的目标位置与目标在摄像机的像素坐标系中的位置进行转换。将回波信号很强的角反射器作为检测目标，其回波信号比较集中，容易被毫米波雷达检测到。将角反射器底部台座的坐标作为目标的位置坐标，将角反射器放置在 9 个不同的位置，分别用毫米波雷达和摄像机对角反射器采集数据，对数据进行处理后，可以将雷达数据转换到图像中，并通过雷达数据在图像中的位置衡量数据融合的直观效果。由于角反射器颜色较深，为便于观看，对图像进行反色处理和剪裁处理，得到雷达数据到图像的映射如图 7-22 所示。

为了衡量数据融合精度，将雷达测量值和摄像机测量值与目标的真实位置进行对比，可以根据角反射器回波信号，由目标检测算法得到雷达测量值；可以根据角反射器台座的像素点，由式（7-9）计算得到摄像机测量值。雷达测量值与摄像机测量值对比如表 7-3 所示。

表 7-3　雷达测量值与摄像机测量值对比

角反射器距离		雷达测量值		摄像机测量值	
纵向（m）	横向（m）	纵向（m）	横向（m）	纵向（m）	横向（m）
9.13	−1.52	9.02	−1.66	9.21	−1.33
9.13	0.01	9.27	−0.05	9.24	0.06
9.13	1.51	9.33	1.61	8.96	1.65
12.08	−1.49	12.21	−1.57	12.29	−1.43
12.08	−0.02	12.45	0.09	12.23	0.07

续表

角反射器距离		雷达测量值		摄像机测量值	
纵向（m）	横向（m）	纵向（m）	横向（m）	纵向（m）	横向（m）
12.08	1.52	12.39	1.58	12.31	1.69
14.94	−1.51	15.28	−1.68	15.11	−1.64
14.94	0.02	14.86	0.05	15.17	−0.04
14.94	1.48	15.33	1.46	15.08	1.54

图 7-22　雷达数据到图像的映射

从表 7-3 中可以看出，雷达测量值和摄像机测量值与角反射器的纵向距离之差小于 0.5m，横向距离之差小于 0.3m，该误差满足数据融合要求。

7.2.2　基于机器学习的车型识别

随着毫米波雷达工作频率的提高，雷达可以在车体上找到更多强散射点。根据这些强散射点对应的距离和角度，将其映射到实际场景中，可以得到车体轮廓，为车型识别提供了条件，进而根据车型制定相应的预警策略。

基于雷达信号特征，通过 YOLO 算法进行数据集标定，建立目标数据集，并通过机器学习算法对数据集进行识别分类。基于机器学习的车型识别算法流程如图 7-23 所示。

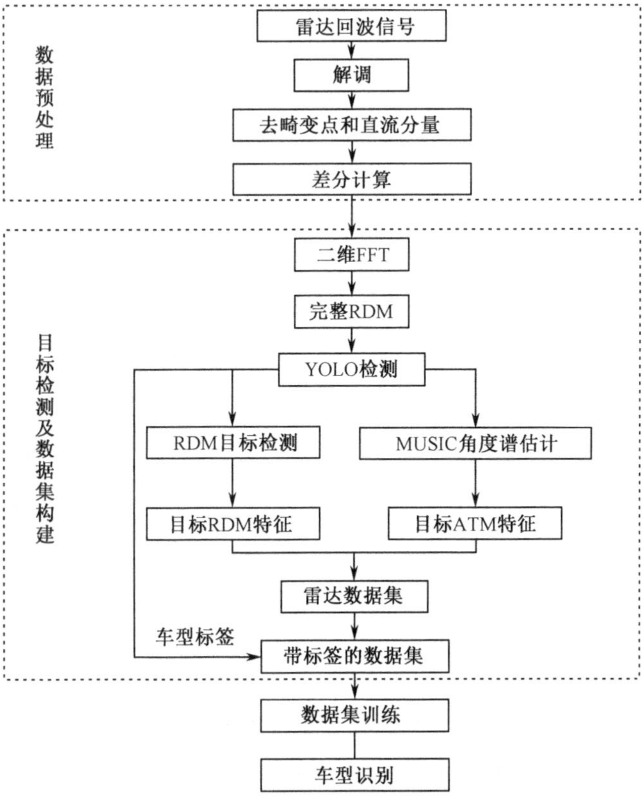

图 7-23　基于机器学习的车型识别算法流程

1．特征提取

大型车和小型车的散射特性和散射中心不同，频率特性也不同，大型车和小型车的频率特性分别如图 7-24 和图 7-25 所示。

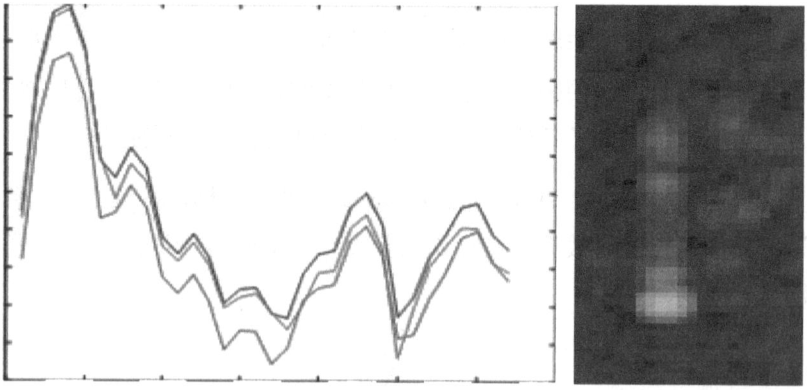

图 7-24 大型车的频率特性

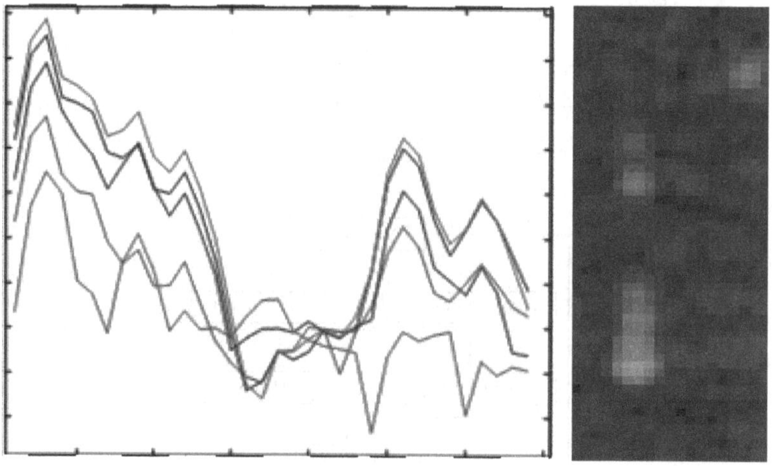

图 7-25 小型车的频率特性

散射点反射的回波信号中不仅包含车体的回波，还包含杂波，杂波无法根据物理模型进行测量。因此，采用对回波进行差分计算的方式，可以减小杂波对回波的影响，更好地反映车辆的完整信息。

要对接收到的雷达回波信号进行预处理，去掉畸变和直流分量，并进行差分计算。然后进行二维傅里叶变换，得到距离—多普勒图（Range Doppler Map，RDM），可从距离—多普勒图中提取目标运动的多普勒谱。

经过上述处理，可以得到信号的直观特征，包括距离维频率、速度维频率、能量强度。除此之外，还需要获取目标的形状特征，因此需要估计目标角度。使用 MUSIC 算法获取目标角度的估计谱，并根据目标在一段时间内的运动轨迹，在时间上对目标的多帧角度估计谱进行积累，形成角度—时间图（Angle Time Map，ATM）。

由于 RDM 和 ATM 在数值上存在较大差异，难以收敛，需要对数据进行归一化处理，得到归一化的 RDM 和 ATM。将归一化后 RDM 和 ATM 拼接，得到 RDM-ATM 特征，将该特征作为训练集。

2. LeNet 网络

卷积神经网络主要由卷积层、池化层和全连接层组成。卷积层是卷积神经网络的核心，通过卷积核（滤波器）提取图像特征；池化实际上完成降采样操作，减小了计算量和数据维度；全连接层可以将池化层转换成一个向量，并进行目标分类。卷积神经网络训练的优越性在于它可以利用输出值与真实值的误差进行反向传播，从而调整权值系数，以实现卷积神经网络优化，进一步提高正向传播的精确度。

选择合适的神经网络对于提高目标识别准确率与训练速度有极大的促进作用。经典的卷积神经网络模型有 LeNet、AlexNet、GoogleNet、VGG、Deep Residual Learning，它们的网络层数呈递增趋势，总层数越多，相应的目标识别准确率越高，分类效果越好，但在实际应用中存在下列问题。

（1）网络层数越多，每层的节点越多，需要配置参数越多，在训练集有限的情况下，经过该网络训练得到的模型容易过拟合。

（2）网络层数越多，计算量越大，训练速度会大幅降低，整体效率受到影响。

（3）网络层数越多，出现的无用节点越多，优化模型的难度越大。

我们研究的目标的特征以线条和曲线为主，主要完成对线条、趋势、峰值的识别，采用比较简单的卷积网络就可以实现。因此，放弃使用 GoogleNet、VGG、Deep Residual Learning 等多层网络，而使用 LeNet。LeNet 的结构如图 7-26 所示。

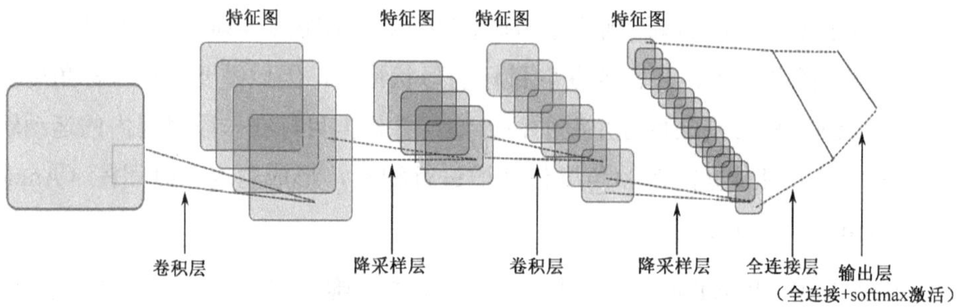

图 7-26　LeNet 的结构

LeNet 的第一层是输入的原始图像，被称为输入层，第二层和第四层、第三层和第五层分别是卷积层和降采样层（也称池化层），第六层是全连接层，采用 softmax 函数进行分类并作为目标的输出层。

卷积层是卷积神经网络的核心。在图像识别中，通常使用二维卷积，简单来说，就是遍历二维图像中的所有位置，并根据中心像素点及其邻域像素点进行内积计算。对于比较简单的图像来说，只需要几个不同的卷积核就可以提取出图像中的边缘信息、线条信息及角特征等。

池化是一种降采样形式，其基本思想是保留主要特征，与主成分分析的降维操作类似，应减少下一层的参数，防止层数过多导致计算量过大，抑制过拟合。通常在卷积层后面添加池化层，进行降采样，池化包括最大池化、平均池化等，下面使用平均池化。

将 relu 作为激活函数，采用随机梯度下降法（Stochastic Gradient Descent，SGD），与其他梯度下降法相比，SGD 的训练速度较快，数据条件限制较少，能够广泛应用于多种数据集。

7.2.3　实验验证与分析

本节采用北京川速微波科技有限公司的前向防撞雷达，其工作频率为 77GHz，带宽为 4GHz，天线为 1 发 4 收的天线阵列。由于在实际的城市道路环境中，大型车可能相对较少，这里采用静态验证方式，分别通过两个三脚架对雷达和摄像机进行固定，根据联合标定方法，对雷达和摄像机进行标定，完成标定后，对来向和去向车辆采集数据并建立数据集。

1. 建立训练集

雷达数据可以通过目标检测算法得到，但雷达数据中不包含车型信息，因此需要用图像数据对雷达数据进行补充。将红绿灯路口作为实验场景，分别对来向和去向目标进行雷达数据和摄像机数据的同步采集。目标采集场景如图 7-27 所示。

图 7-27　目标采集场景

获得原始数据后，对原始数据进行处理，使其转换成目标的数据。使用 YOLO 算法对图像进行检测与识别，检测与识别效果如图 7-28 所示。

图 7-28　检测与识别效果

YOLO 算法可以很好地检测与识别目标，根据 YOLO 算法输出的目标像素坐标，可以通过式（7-11）计算出目标的实际位置，再将目标的实际位置映射到雷达坐标系，将目标的横向距离和纵向距离转换成目标到雷达的径向距离。假设目标的速度小于 100ms 时不会发生剧烈变化，通过多帧目标的位置变化推出目标的径向速度，在雷达回波信号的距离—速度二维图中对目标进行定位。将图 7-27 中显示完整的最前方车辆映射到雷达速度—距离二维图中，速度—距离二维图中的目标定位结果如图 7-29 所示。

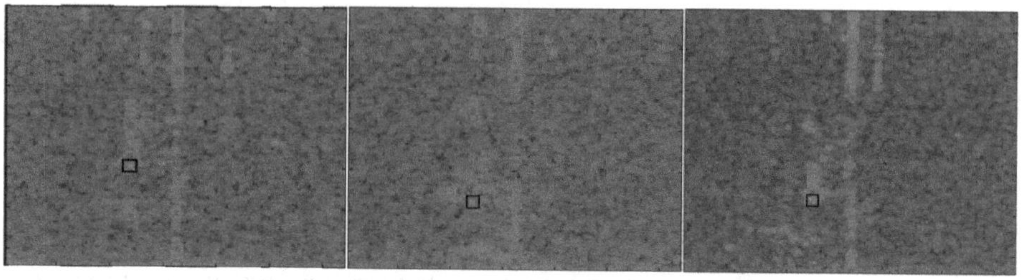

图 7-29　速度—距离二维图中的目标定位结果

将目标所在的 30×9 区域提取出来，得到 RDM，再根据几帧连续数据得到 ATM，形成 RDM-ATM 特征，完成对雷达数据的特征提取。将图像中的目标分类结果作为训练数据的分类标签，得到完整的数据集。

2. 目标识别结果

实验中采用的训练集由 600 辆小型车和 400 辆大型车的单目标数据组成，测试集由 100 辆小型车和 100 辆大型车的单目标数据组成。

将最大训练轮数设置为 3，一轮训练对整个训练集训练一个完整周期，每轮训练都会打乱数据。训练初始学习率设置为 0.01，迭代次数为 21 次，每轮 7 次。学习率和损失率分别如图 7-30 和图 7-31 所示。

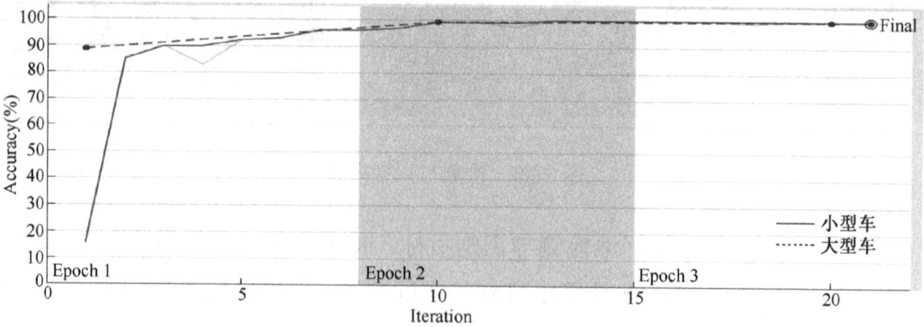

图 7-30　学习率

可以使用基于主成分分析的 SVM 分类器和随机森林分类器对数据集进行分类。得到几种分类方法的分类效果对比如表 7-4 所示。

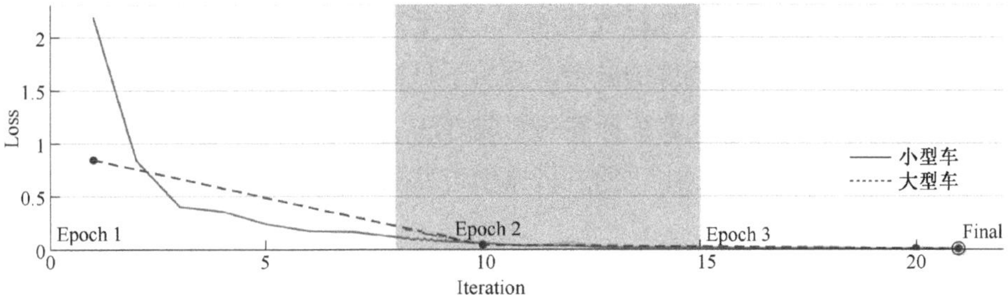

图 7-31　损失率

表 7-4　几种分类方法的分类效果对比

分类方法	小型车识别率	大型车识别率
SVM	93%	91%
随机森林	91%	87%
LeNet	97%	99%

从表 7-4 中可以看出，SVM 分类器、随机森林分类器和 LeNet 的分类结果都很好，LeNet 的大型车识别率和小型车识别率都可以达到 95%以上，具有很好的分类效果，验证了目标识别方法的有效性。

7.3　本章小结

本章利用深度学习算法从视频中准确识别出了多个车辆目标，介绍了目前卷积神经网络中的两种主流结构，并将其作为网络模型的基本模块，分析了采用 YOLO 算法进行目标检测的核心思想，借鉴 YOLOv2 算法的思想搭建车辆检测模型，给出从模型的输出结果中检测目标的算法流程，介绍了训练集的建立及训练标签的生成方法，从 3 个方面对模型的识别效果进行了分析。

本章将雷达数据与摄像机数据融合，基于雷达回波信号进行车型识别，实现了数据在时间和空间维度的融合，分析了目标识别中特征提取的思路及选用的分类器，提出训练集及训练标签的生成方法，借助 YOLO 算法识别目标，将目标类别映射到雷达数据中，通过机器学习算法实现了目标识别。